かんたん!
プロ並みのテクニック

自分でできる

前髪カット

マザーズホームケア代表
稲垣俊彦 著

WAVE出版

Contents 目次

Chapter 3 前髪カット16パターン

Chapter 4 パパとキッズの前髪カット

※本書の内容は一般の方がご家庭で施術することを前提としています。実際にハサミなどを使用し危険をともないますので、施術者や被施術者、近くにいる方は充分にご注意ください。実際の施術の際は、ヘアカット道具のほかにスタンドミラーを使用するなど、ご自身の判断でお願いします。なお技術的な結果や仕上がりについては、本書では一切責任を負いかねますので、あらかじめご了承ください。

かんたん&ステキ

Before

32ページ

Before

34ページ

な前髪カット

Before

36ページ

Before

48ページ

Introduction
はじめに

ヘアサロンで髪を切ることが美容師の仕事だと思っていた頃、自分で好きなように髪を切りたい、美容室に行く時間がない、自宅で家族の髪を切ってあげているという皆さんから、「技術を教えてほしい」と言われてビックリしたのが始まりでした。たまたまご縁があったカルチャーセンター等でヘアカット講座をはじめて 14 年になります。

その中で、「自分で前髪を切って、失敗してしまいました。人前に出られず、もう何も手につきません……」「前髪だけが、すぐ気になります。どうにかなりませんか？」「子どもが病気で外に出られないので、私が前髪を切ってあげたい」というような「前髪」についてのご要望をよく聞きます。

これは、前髪が顔の印象を決める最も大切なパーツでもあるからでしょう。

本書には、そのご要望に応えるために、可愛く見せたり、おしゃれに表現したり、自然に落ち着くように仕上げるといった自分のイメージ通りの前髪にできるテクニックが満載です。

全く初めての方でも、安全で簡単にすぐできるように、多くの写真を使いながら、失敗しないテクニックを随所に紹介しています。

自分の好きな前髪、一番似合うスタイルでワクワクしながら、「個性美」を輝かせていただければ幸いです。

マザーズホームケア代表　稲垣俊彦

どうする？
どれが
似合う？

こんなにすごい！
前髪効果

Chapter.1

どの前髪にする？　イメージで選ぶ？　前髪でイメチェン！

前髪スタイルカタログ

前髪は顔の印象を決める大事な部分です。好きなファッションや目指すイメージに合わせて、どんな前髪にするか、どんな前髪が似合うかを考えましょう！

流しバング

Image
- フェミニン
- ナチュラル
- エレガント

32ページ

前髪を横に流すスタイル。女性らしさ、大人っぽさが出せる前髪です。ふんわりとカールをつけてから横に流すと、かわいらしさが加わります。

下ろし流しバング

Image
- フェミニン
- ナチュラル
- エレガント

52ページ

前髪を下ろしているけれど、毛先は軽く横に流れているスタイル。ゆるやかなカーブで自然なラインになるので、誰にでも似合う前髪です。

レイヤーバング

Image
- アクティブ
- マニッシュ
- カジュアル

54ページ

前髪にレイヤーを入れて、軽さを出したスタイルです。重くならず、ふんわり感やボリュームを出しやすくなります。

ななめバング

Image
- フェミニン
- シャープ
- ナチュラル

38ページ

前髪を横に流して、ななめのラインを強調したスタイル。前髪に自然な立体感が生まれます。スタイリング次第でさまざまな表情を出すことができます。

フルバング

Image

キュート
若々しさ
モード系

36ページ

前髪をすべて厚めに下ろしたスタイル。短くしすぎると子どもっぽくなりますが、眉上くらいの長さだとキュートなモード系に仕上がります。

シャギーバング

Image

ナチュラル
カジュアル
フェミニン

34ページ

毛先をシャギーにして、ランダム感を出した前髪です。前髪に動きや軽さを出し、やわらかな雰囲気をつくります。

エレガンスパート

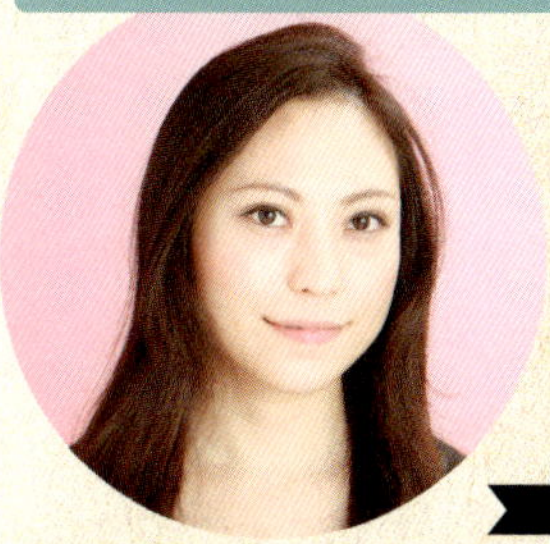

Image

エレガント
セクシー
知的

40ページ

前髪を中心で寄り分けたスタイル。おでこを出すので大人っぽく、女性らしく見えます。軽くカールをつけると、ペタッとならずナチュラルな雰囲気に。

ダブルバング

Image

キュート
モード系
アクティブ

48ページ

２種類の長さの前髪をつくった、個性的でおしゃれなスタイルです。スタイリングによって、さまざまなアレンジが楽しめます。

ノーパート

Image

モード系
若々しさ
クール

44ページ

分け目をつくらないスタイル。おでこが隠れるので若々しく見えます。いわゆるパッツン前髪はモード系、毛先を遊ばせるとカジュアルな雰囲気になります。

サイドパート

Image

シャープ
知的
フェミニン

42ページ

センターパートから分け目をずらしたスタイル。知的でシャープな印象になります。分け目やスタイリングによって、いろいろ応用できます。

＼ 顔型が決める！ ／

あなたに似合う前髪

前髪は手軽に顔の長所を引き出したり、気になる部分をカバーしてくれたりします。
自分の顔の型に合わせて、似合う前髪を探してみましょう。

※卵型の人は基本的にどんな前髪でも似合います。

丸 型

あごから頬にかけてのラインが円を描いている顔型

分け目をつけて流す！

似合う前髪

【流しバング】
【ななめバング】
【レイヤーバング】

似合う髪型を作るコツ

1. 前髪は軽めに、空きをつくる
2. 幅は狭めにとる（さらに深めにとると縦長感が出る）
3. ななめのラインをつくり縦長感を出す

NG前髪

【ワイドバング】
前髪の幅を広くとると、顔の横幅が強調されてしまいます。

面 長

頭部の横幅よりも縦が長い顔型

厚めにしておでこを隠す！

似合う前髪

【フルバング】
【下ろし流しバング】

似合う髪型を作るコツ

1. かならず前髪をつくる
2. 顔にかぶせるようなスタイルで、縦長ラインを分断
3. 前髪の幅を広めにとり、縦長ラインを解消

NG前髪

【センターパート】
【サイドパート】
おでこを大きく出すセンターパートや縦長ラインをつくるサイドパートは、面長が強調されてしまいます。

ベース型・四角型

あごやえらが張っていて、全体的に平べったく見える顔型

ふんわり
自然に流す！

似合う前髪

【流しバング】
【シャギーバング】

似合う髪型を作るコツ

1. 幅は狭めにとる
2. 分け目をつくってゆるめに流す
3. ふんわり動きのあるスタイルにする

NG前髪

【パッツン前髪】

前髪を直線にカットすると、顔も直線のラインが強調されてしまいます。

逆 三 角

あごが細く、シャープなラインになっている顔型

動きを出して
やわらかな雰囲気に

似合う前髪

【流しバング】
【レイヤーバング】

似合う髪型を作るコツ

1. 幅は広めにとる
2. サイドとのつながりを自然なラインにする
3. 毛先に動きをつけて軽やかなスタイルにする

NG前髪

【ぺたんこ前髪】

前髪をボリュームダウンしすぎると、さみしい印象になってしまいます。

Topics

【おでこが狭い人、広い人の前髪は？】

おでこが広いと感じる人の場合、前髪は顔にかぶせるようなスタイルにしましょう。センターパートやサイドパートのようなおでこを出す髪型は、おでこに存在感が出て顔が大きく見えてしまいます。

逆におでこが狭すぎる人の場合、前髪は分け目をつくってななめに流し、おでこを少し見せるようにすると立体感と奥行きが出ます。前髪を下ろしておでこを隠してしまうよりもおすすめです。

＼どこからどこまでが前髪なの？／

前髪の範囲と境界を知っておこう！

重要なポイントは“前髪の範囲”です。「どこまでが前髪なの?」「厚め（重め、軽め）にするにはどうすればいい?」などのお悩みにお答えします。

前髪は“幅”と“厚み”で決まります！

幅

前髪範囲の横幅です。幅が広いほど顔が大きく見えます。幅を狭めにすると小顔に見えます。顔型などによって似合う幅を決めるといいでしょう。

【広くする】→顔が大きく見える。明るく見える。

【狭くする】→顔が小さく見える。縦長効果あり。

厚み

前髪範囲の縦幅です。頭頂部からどれくらい髪を下ろすかで決まります。深くすれば厚くなり、浅くすれば薄くなります。分け目の有無や透け感などによって決めます。

【厚くする】→若々しく見える。前髪が重く見える。

【薄くする】→分け目がつけやすい。自然に見える。

形

前髪の範囲は、下のイラストのようにおおよそ三角になるようにします。これを「三角ベース」と呼びます。髪が前に落ちるのか、横に流れるのか、いずれにしても三角ベースだと自然に仕上がります。

前髪範囲・境界の“超”基本

正面（幅）

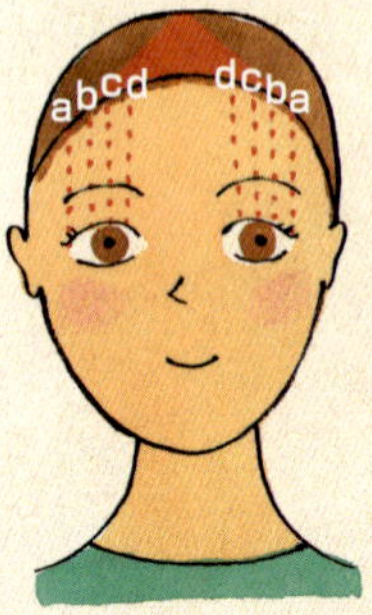

a 目尻……横幅の最大値です。これ以上広くすると、顔が大きく見えたり、仕上がりがうまくいきません。

b 黒目の端（外側）……一般的な前髪のラインです。

c 黒目の中心……少し狭めの前髪にしたいときは、このくらいにしましょう。

d 黒目の端（内側）……横幅の最小値です。これ以上狭くすると仕上がりがおかしくなります。

側面（厚み）

トップポイント……頭頂部と耳の付け根を結んだライン。ここが厚みの最大値です。これ以上後ろにしないこと。

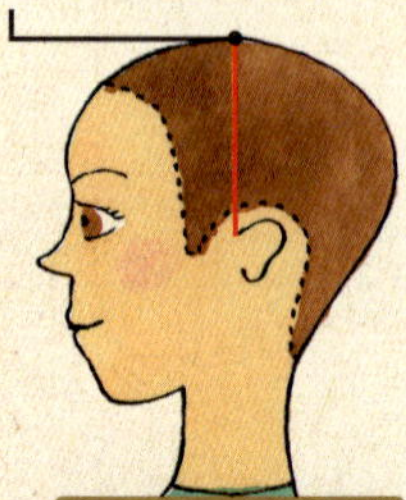

上面（形）

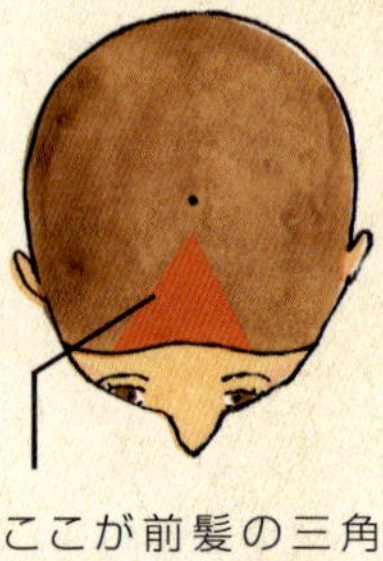

ここが前髪の三角ベースです。

広め・深め

大きめの三角ベース

横幅が長いので顔が横に広がって見えます。面長の人に向いています。

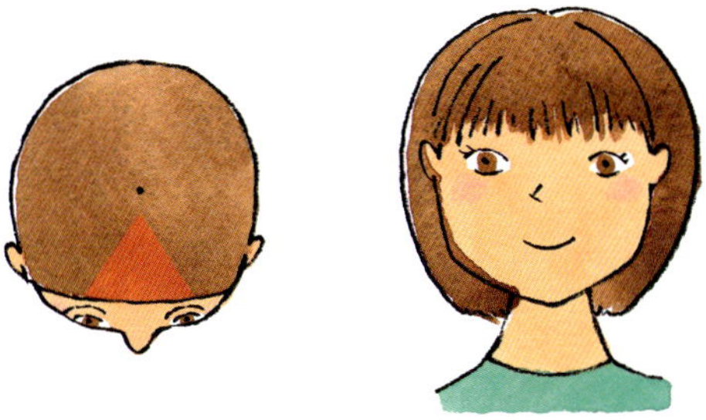

狭め・深め

縦長の三角ベース

顔が小さく見えます。縦長効果があるので向いているのは丸顔の人です。

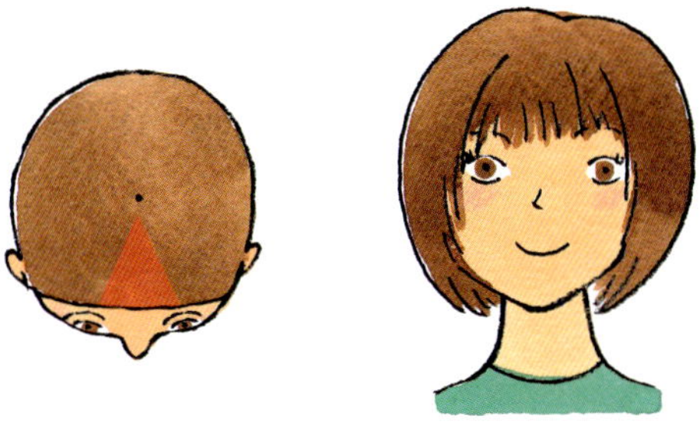

広め・浅め

横長の三角ベース

横幅が長く、おでこも透けているので顔が大きく見えますが、明るいイメージになります。

狭め・浅め

小さめの三角ベース

前髪の量は少なめです。顔が小さく見えますが、多少暗い印象になってしまうことも。

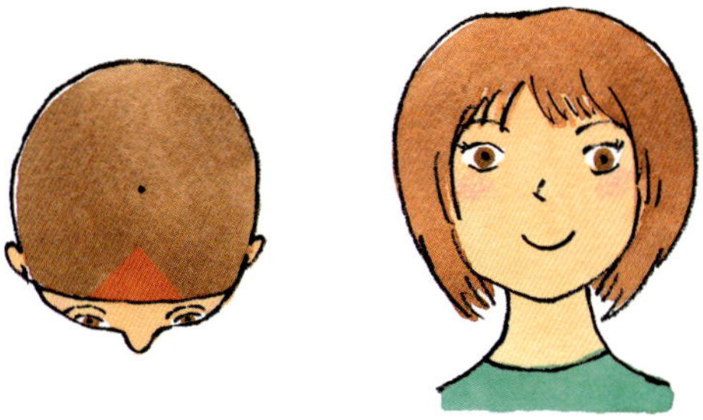

\ 知っておきたい！/
前髪カットの3つのスタイル
＆4つの角度

前髪カットは、ちょっとしたコツで仕上がりに差が出ます。コツを知っておけば、「前髪を軽くしたい」「重めに残したい」「毛先を遊ばせたい」などが自由自在です。

● 前髪の基本3スタイル
仕上げたいスタイルによって、大きく3つに分かれます。

角度が上がるほど、大きく段が入ります。

2 ワンレングス

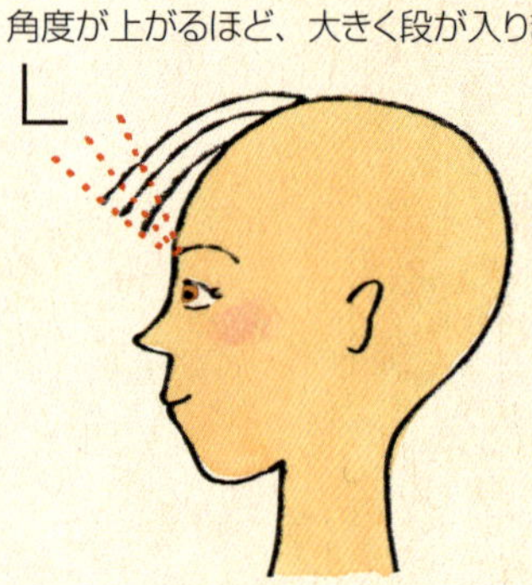

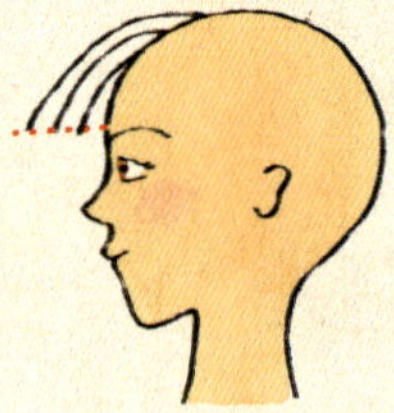

下ろしたとき、毛先がそろうスタイル。いわゆるパッツン前髪です。

1 アウトグラデーション

下ろしたとき、前髪の外側に向かって短くなるスタイル。前髪が軽くなり、自然な流れを出すのに向いています。角度によって、仕上がりに変化が出ます。誰でも簡単にできるのでおすすめのスタイルです。

3 イングラデーション

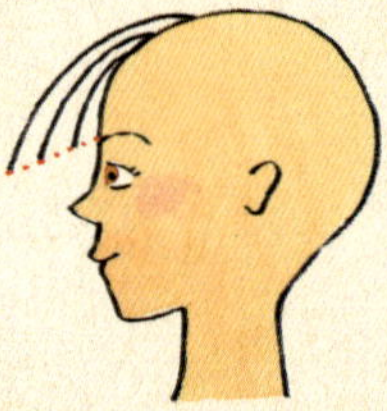

下ろしたときに、前髪の内側に向かって短くなるスタイル。内巻きにしたいときに向いているカットです。ブロッキング（23ページ参照）をして、内側からカットします。

【シャギー】

シャギーは毛先のイレギュラーなカットです。ランダムなギザギザができます。

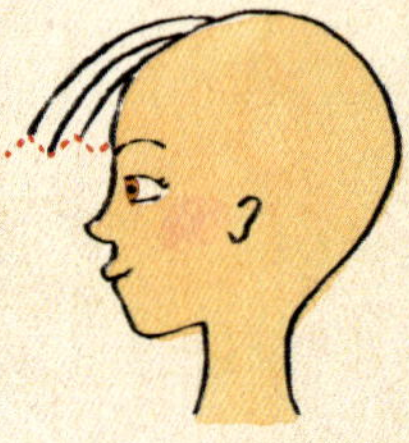

すきばさみをななめに入れ、毛先をカットしていくと、自然なシャギーカットができます。

カットするときの髪の角度

カットするときの角度によって、仕上がりのイメージが変わります。
※左ページの 1、2 の場合。

上　段差が大きくなり、前髪全体が軽い感じになります。

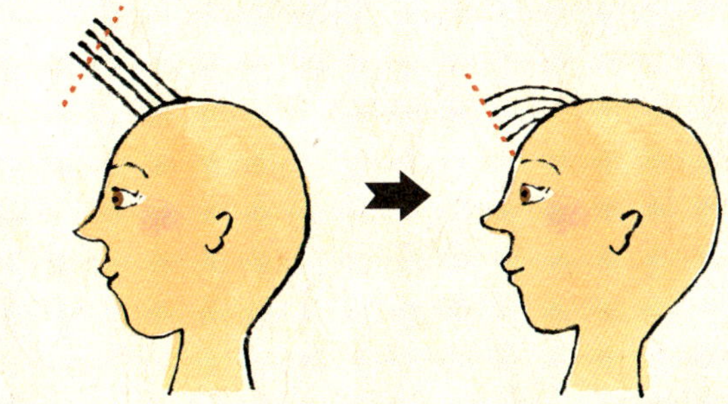

水平　毛先に段差がつき、自然な感じで軽くなります。

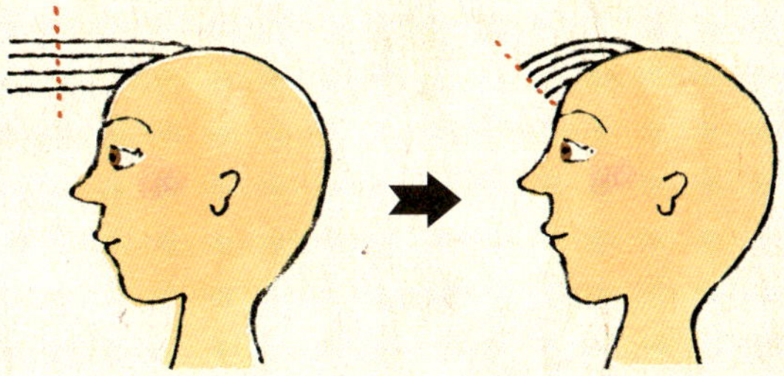

ななめ下　毛先にわずかな段差がつき、自然なラインでそろいます。

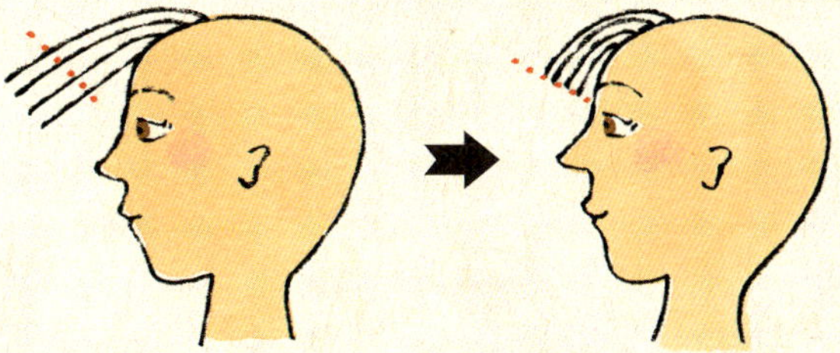

下　ほとんど段差がつかず、ワンレングスになります。

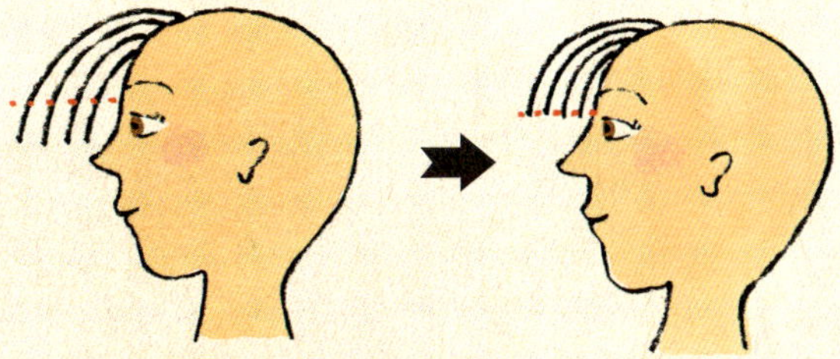

Column.

髪の毛の生えかたをよく見てみよう

ヘアスタイルをつくる上で、とても大切なのが“毛流《もうりゅう》”です。

髪の毛にはかならず生える向きがあります。それを毛流といいます。つむじからうずを巻くようにして毛流が形成されますが、これが千差万別なのです。つむじ自体、ない人もいれば、複数ある人もいます。

みなさんも、自分の髪の根元をよく見てください。同じように見える前髪でも、前、後ろ、右斜め前など、毛流の向きがあるはずです。

場所によっても生えかたが違います。前髪は前に向かって生えていたり、上に向いて生えていたり、サイドは後ろに向かって生えていたり、襟足は横に向かって生えていたり……。一部だけ別の方向を向いて生えている場合もあります（それがハネたり、スタイルがまとまらない原因になります）。基本的には、毛流を考えながら仕上げたいヘアスタイルをイメージして、その流れに合わせて根元からドライヤーをかけ、スタイリングしていくのが一番。毛流や頭皮をよく見てくれる美容師さんなら、一人ひとりの毛流にあわせたスタイリングをしてくれるはずです。

ちなみに、右利きの人は90％以上の確率でつむじが右にうずを巻いているので、前髪は左に分け目をつけたほうが自然です。

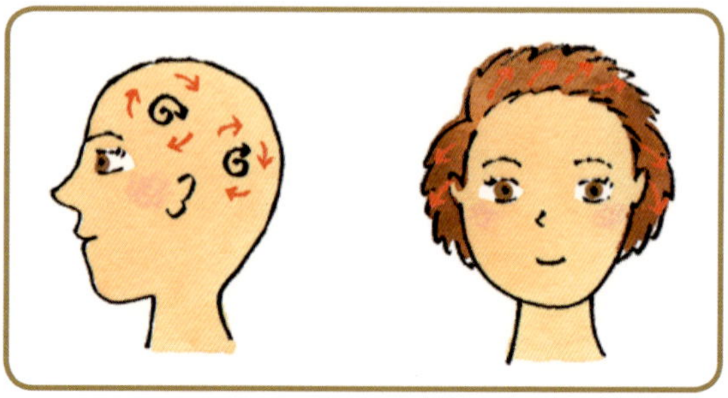

知って
おこう!

前髪カットの基本

Chapter.2

前髪カットの準備

まずは必要なアイテムをそろえよう!

必要なものはたった4つ！

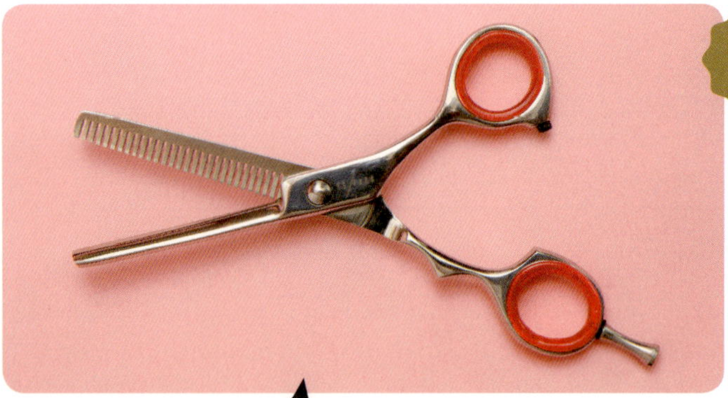

1 すきばさみ

髪の毛をすく（毛量を減らして軽くする）ときに使うはさみですが、前髪カットならこれ1本で全部できてしまいます。ただし、あまりよく切れないものは刃先が髪に引っかかったり、髪を傷めてしまったりします。ある程度質のよいもの（5,000円～ 10,000円程度）を準備することをおすすめします。

「すきばさみだけでできるの?」と思うかもしれませんが、すきばさみを使うことで毛先が自然にそろい、誰でも簡単に前髪カットができるのです。

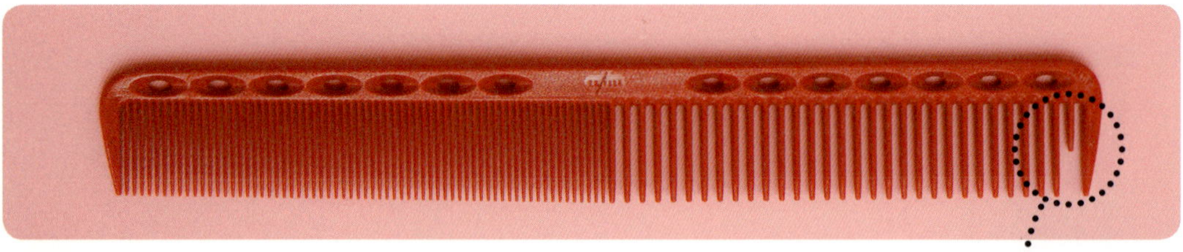

Point
分量どりやブロッキングに便利!

2 コーム

髪を分けとったり、カットするときに伸ばしたりするために使います。粗目と細目の歯をあわせ持っているタイプのものなら、分けとる髪の量や質に広く対応できます。写真のコームは分量どりやブロッキング（22～23ページ）しやすくするために、端の歯が短くなっています。

3 ケープ

カットした髪の毛が服につかないよう、ケープを準備しておきましょう。ケープがない場合は、大きめのゴミ袋を切ったものなどでもOKです。

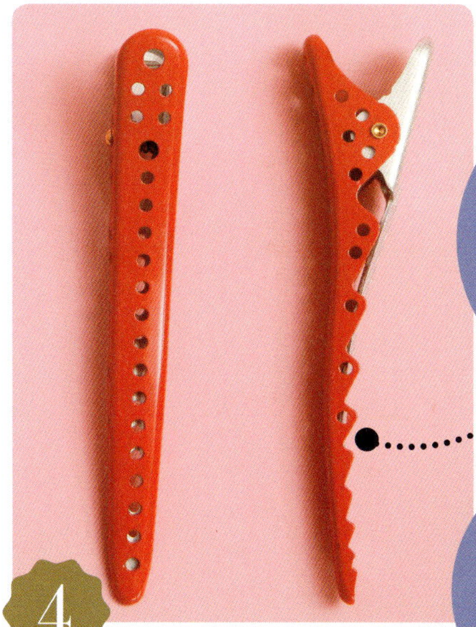

Point
ここがギザギザになっていると、髪をしっかりホールドできる!

4 ヘアクリップ

サイドの髪をとめておいたり、前髪をブロッキングしたりするときに使います。髪をつかんでしっかりホールドしてくれるものを選びましょう。サイズも何種類かそろえておくと便利です。挟む部分が平らになっているものは、髪にあとがつきにくくなります。

Point
ここが平らになっていると、あとがつきにくい!

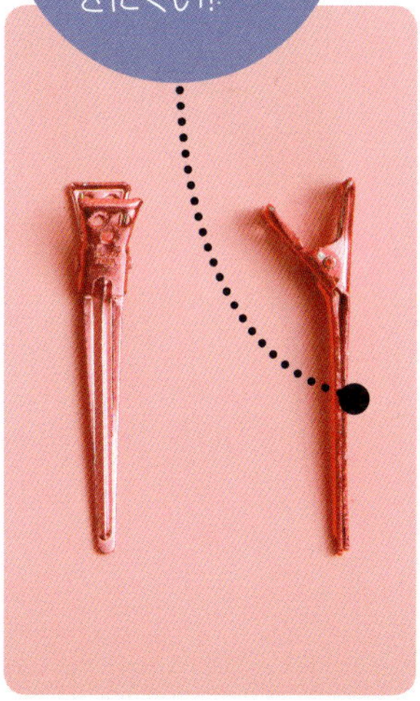

スタイリングに使うもの

ヘアブラシ

ブラッシングブラシ（左）とブローブラシ（右）。ハンドル部分が手にフィットするものがおすすめです。天然毛を使ったブラッシングブラシはつや出し効果があります。

ロールブラシ

カールをつけたいときに使います。軽量で握りやすいものを選びましょう。

スタイリング剤

しっかりセットしたいとき、ボリュームアップ、ボリュームダウンしたいときなどに使います。

ドライヤー

仕上げのブロー、セットのときに使います。ドライヤーは扱いやすく持っていて疲れないものを選びましょう。

✂ 前髪カット実践編！① ✂

道具の使いかた

ここでは、すきばさみとコームの持ちかた、使いかたを説明します。

はさみの持ちかた・使いかた

指当てのついたリングを下に向け、上のリングに親指を 1.5cm くらいまで、下のリングに薬指を第2関節くらいまで入れます。小指は指当てにかけ、人差し指と中指ははさみに添えるようにします。ふつうのはさみとは持ちかたが違うので注意しましょう。

この状態で、親指だけを動かして刃を開閉します。

手のひら側からみたとき

薬指をリングに通すことで、安定してはさみを動かすことができます。

手の甲側からみたとき

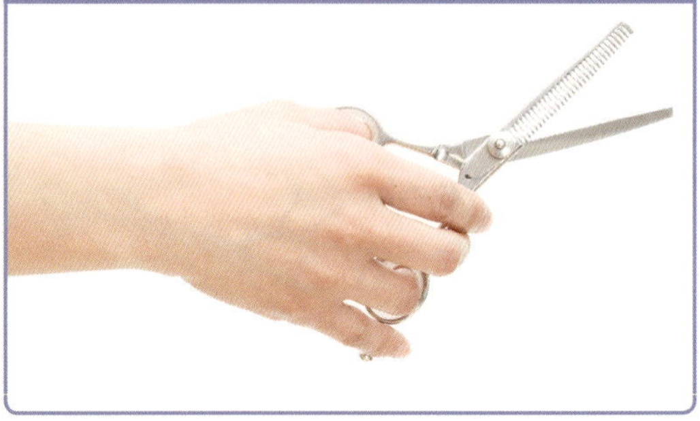

カットするときは親指だけを動かします。残りの指は動かしません。

親指がリングに入りすぎています。これでは親指が動かず、はさみをうまく開閉することができません。

人差し指が入っています。この場合、はさみが安定しません。

コームの持ちかた・使いかた

コームの中ほどのところを親指と中指で挟み、その他の指で支えるようにして持ちます。

手のひら側からみたとき

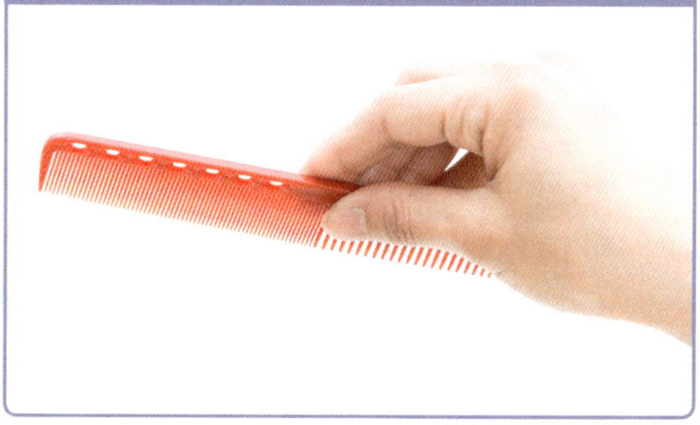

手の甲側からみたとき

コームは前髪をすくい上げたり、カットする髪を伸ばしたりするときに使います。

すくいあげる

持ち上げる

伸ばす

Topics

シャギーとレイヤー（グラデーション）の違い

レイヤーやグラデーションは、段のこと。長さや毛先に段差をつけたり、全体を軽く見せるときに使います。これに対してシャギーは髪が毛先に行くほど細く鋭くするテクニック。毛先を軽くするためあえてふぞろいにし、ランダムなギザギザにしたものです。ちなみに、すくというのは毛量を減らしたり空気感を持たせる手法です。

前髪カット実践編！②

分量どりのしかた

前髪をカットするときに大切なのが、分量どりです。三角ベースをつくります。

分量どりをしてみよう

1 トップポイントからコームで三角ベースのラインを引きます。

2 きれいなラインが引けました。

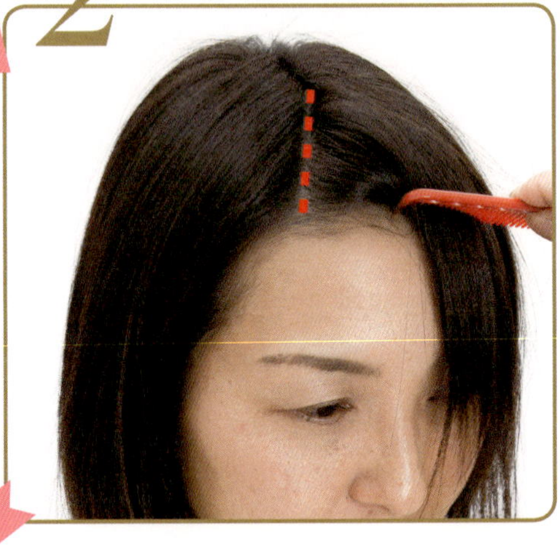

3 もう片方も同じようにラインを引きます。サイドの髪はクリップでとめておきます。

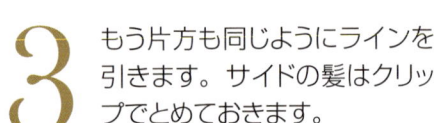

いろいろな分量どり

希望の前髪スタイルにあわせて、分量どりをしましょう。

広め・深め

狭め・浅め

狭め・深め

ブロッキングをしてみよう

通常はブロッキングは必要ありませんが、少しずつ切りたい場合、イングラデーションにしたい場合（14 ページ参照）などはブロッキングが必要です。

1 分量どりをしたあと、三角ベースの前髪を指でとり、コームを横にすべらすようにしてラインを引いていきます。

❶

❷

❸

2 ❶～❸を繰り返し、クリップでとめてブロッキングしていきます。ブロッキングして束ねた髪をパネルと呼びます。前髪の場合、2パネルか3パネルで十分です。

※前髪を切るのがはじめての人の場合、ブロッキングをしてからカットするとよいでしょう。
58～59 ページ、62～63 ページのプロセスを参考にして下さい。

Topics

［ ななめに流す？　下に下ろす？ ］

前髪をななめに流すと、大人っぽい、セクシー、動きがあるというイメージになります。前に下ろすと、やさしげだったり、若く見えたりしますが、少々単調です。

デートのときは前に下ろしたり、仕事のときはななめに流したりと、使い分けてみましょう。いつも下ろしている人は、少し流すだけでも十分イメチェンになります。

前髪カット実践編！③

前髪カットの極意

前髪セルフカットの3大ポイント

前髪セルフカットで大切なのは、次の3つです。この3つのポイントを抑えておけば、誰でも簡単に、前髪を自分で上手にカットすることができます。

1 はさみはななめに使う → 25ページ

すきばさみは、髪に対してかならず、ななめにしてカットします。そうすると、長さをそろえるときも軽くするときも上手に仕上がります。真横からはさみを使うと、失敗の原因になります（髪を持ち上げてカットするときは、それだけで自然な段がつくので真横からはさみを入れても大丈夫です）。

2 中央に集めてカットする → 26ページ

基本的には、前髪を額の中央に集めてカットしましょう。両端の部分が自然に長くなり、サイドとのつながりが自然に仕上がります（スタイルによっては、ブロッキングをしたり少しずつカットしたりする場合もあります）。

3 髪を濡らさない

髪を濡らしてカットすると、乾いたときに思ったより髪が短くなったりして、イメージ通りにいきません。乾いたまま、様子をみながらカットしましょう。

どうしてもまとまりにくいときは霧吹きなどで湿らす程度に。クセがついているときは、ドライヤーでまっすぐになるようブローしてからカットしましょう。

すきばさみは、ななめに入れます。

すきばさみは横ではなく、ななめに入れます。これを覚えておくと、簡単にプロ並みの仕上がりが実現できます。

Example. 01

すきばさみをななめに入れてながらカットすると、前髪が自然な軽さになります。

Example. 02

すきばさみをななめ45度くらいに入れると、毛先に自然なギザギザ感が出て、軽くなります。

Example. 03

長さをそろえるときも、すきばさみをななめに細かく入れながら。

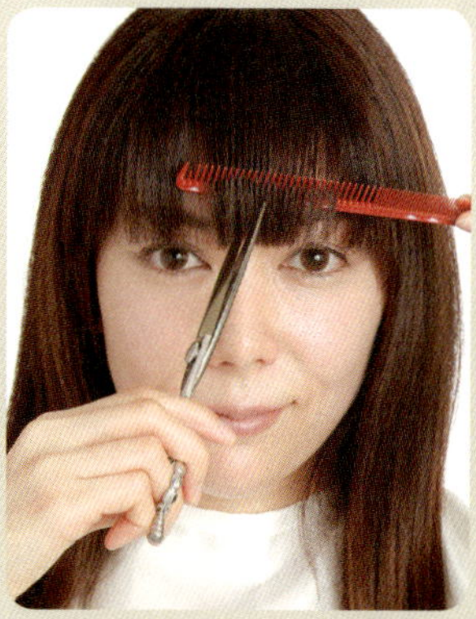

中央に集めてカットすると、自然な仕上がりになります。

端からはさみを真横に入れてカットすると、絶対にうまくいきません。真ん中に集めてカットすることで、誰でも簡単に自然な仕上がりになります。

Example. 01

前髪を集め、指の下でカットするだけで、自然な仕上がりになります。

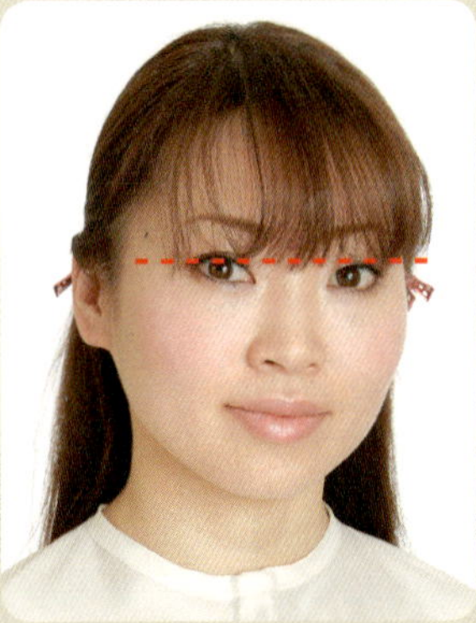

Example. 02

中央でカットすることで、端が少し長くなり、サイドへ自然につながります。

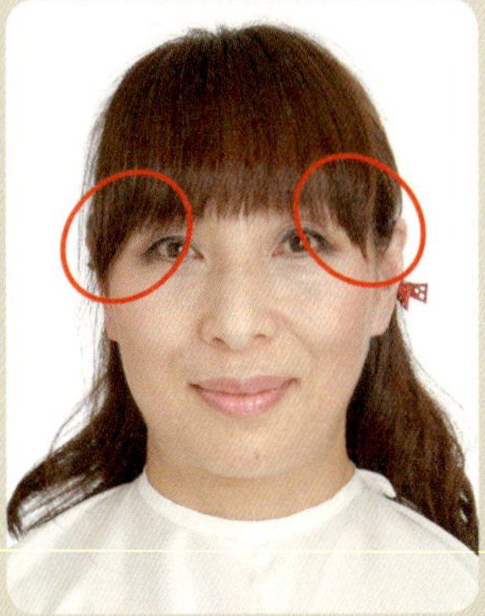

Example. 03

長めの前髪でも同様に、中央に集めてカットすることで自然な曲線ラインがつくれます。

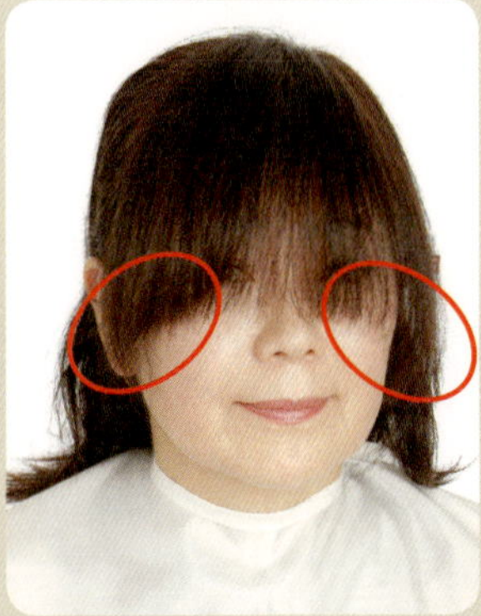

Technique

髪をふんわり、ボリュームアップしたいときのテクニック

正面から見たところ

横から見たところ

「前髪がぺたんこになってしまう」というのは、よくある悩みです。前髪にボリュームを出したい、ふんわりさせたい、立ち上げたいという場合は、前髪の内側に短い毛をつくってあげます。

写真のように、前髪をブロッキングし、内側のパネルの髪を持ち上げ、その髪の根元から3cm くらいのところですきばさみを1～2回入れます。「そんなに短く切って大丈夫?」と思うかもしれませんが、見た目にはまったくわかりません。内側にできた短い毛が前髪を立ち上げ、ふんわりボリュームアップさせてくれます。

Topics

前髪は英語でなんていうの？

前髪は、アメリカ英語でバング［bang（s）］といいます。対して歴史あるイギリス英語では、フリンジ［fringe（s）］といいます。フリンジの語源は装飾用の房飾りのこと。いにしえの時代から、前髪が自己表現の大切な手段のひとつであったことがうかがえます。現在の日本では、前髪＝バング（ス）という言葉がよく使われます。

やってはいけない！ 前髪カットのNG＆OK

ここでは、ついやってしまいがちな失敗例と解決方法をご紹介します。

はさみが引っかかってうまくカットできません……。

NG

すきばさみが寝てしまっています。これではうまくカットできません。

OK

すきばさみは髪に対して垂直にして使いましょう。これならスムーズにカットできます。

髪を軽くしたいのに、仕上がりが変です……。

NG

すきばさみを真横にして使うと……

不自然なラインができたり、髪に穴があいたように見えてしまいます。

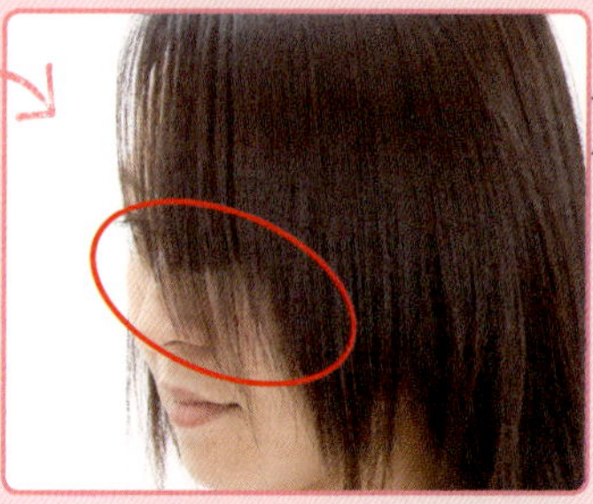

OK

すきばさみをななめに入れることで、自然な仕上がりになります。

切りすぎ・パッツン前髪になってしまいました……。

NG

中央に集めた指より根元側でカットしています。

NG

真横からカットばさみ（すきばさみではないはさみ）を入れてしまっています。

切りすぎてパッツン前髪になったり、前髪のラインが曲がってしまったりします。

OK

すきばさみをななめに入れることで、自然な仕上がりになります。

Topics

ウィッグを使って前髪をもっと楽しく！

万が一前髪を切りすぎた場合や、ファッションに合わせて遊んでみたい場合には、ウィッグ（つけ毛）がおすすめ。前髪だけのものからサイドまで自然につながっているものまで、気軽に冒険できます。

before

after

黒髪ボブに!

ゆるふわヘアに!

ウィッグ提供：プリシラ

直毛・くせ毛・縮毛の違い

髪の悩みのひとつに、くせ毛や縮毛があります。

みなさんは、くせ毛や縮毛、直毛の違いをご存じですか？

これらの髪の毛の違いは、毛穴の内部の形状にあります。つまり、毛根や毛穴の形が違うのです。

下の図を見てください。直毛の人は毛根がまっすぐで毛穴も丸いため、まっすぐな髪が生えてきます。対してくせ毛の人は、毛根が多少ねじれているため、毛穴も変形します。そのため、伸びた髪がまっすぐにならず、いわゆるクセが出てくるのです。縮毛の場合は毛根が大きくねじれているため、くるくるとパーマをかけたような髪が伸びてくるのです。

髪質や毛穴の構造は遺伝で決まるため、宿命のようなもの。だからこそ、パーマや縮毛矯正といった技術があるのです。

ただし、直毛の人でも部分的にくせ毛がある人もいます。また、老化などによって固かった髪が柔らかくなったり、直毛がくせ毛に変わったりすることもあるのです。

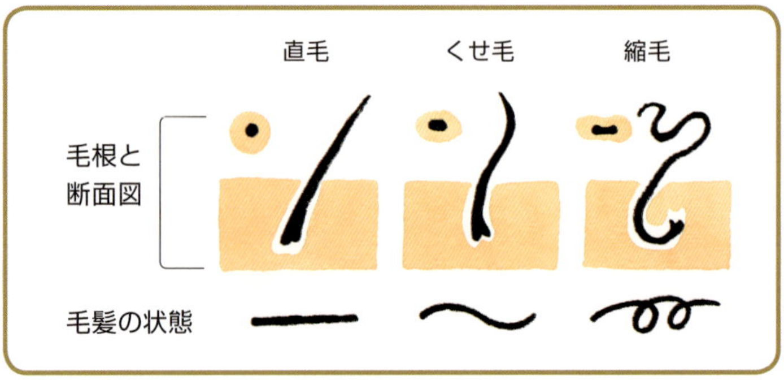

なりたい
前髪
自由自在！

前髪カット 16パターン

Chapter.3

Pattern 01

流しバング

誰にでも似合うナチュラルテイストな前髪

Before

まぶたのラインくらいに前髪を自然に切りそろえ、
横に流して毛先を軽くします。誰にでも似合う前髪です。

How To Cut 切りかた

1

分量どり（22～23ページ参照）をして、サイドの髪をクリップでとめておきます。

2

前髪を縦にとり、水平に伸ばして、すきばさみを入れながら切りたい長さだけカットしていきます。何度かに分けて、前髪全体をカットします。

3

長さがそろいましたが、まだ毛先が重く見えます。

4

コームで髪をとり、すきばさみをななめに入れて毛先を軽くしていきます。

5

毛先が軽くなり、自然な仕上がりになりました。

SIDE

Point スタイリングのポイント

前髪は軽く流すようにしてフェミニンに仕上げました。前髪の長さがまぶたのラインくらいだと、少しカールさせたときに眉くらいまで上がり、軽やかな印象に。

【似合う髪型】

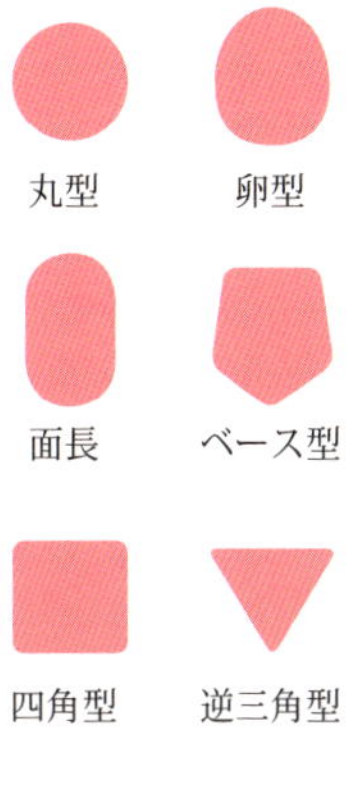

【分量どり】

深め　浅め

広め　狭め

【毛量】

少なめ　多め

【髪質】

やわらかめ　かため

【くせ】

なし　あり

Pattern 02

シャギーバング

ナチュラルシャギーで、やさしく風にゆれる前髪

Before

軽めの前髪にシャギーを入れて、空気感を持たせます。
主張しすぎない、好感度アップのスタイルです。

How To Cut 切りかた

1

分量どり（22～23ページ参照）をして、サイドの髪をクリップでとめておきます。

2

前髪を集めてとり、前に下ろします。すきばさみを入れながら、切りたい長さだけカットしていきます。

NG

前髪をとった指の上にはさみを入れないこと。危ないだけでなく、前髪を切りすぎてしまう原因にもなります。

3

長さがそろいました。さらに全体を軽くしていきます。

4

すきばさみをななめに入れて切りたい長さだけ数回カットします。

SIDE

Point スタイリングのポイント

前髪は軽く流すようにしてフェミニンに仕上げました。前髪の長さがまぶたのラインくらいだと、少しカールさせたときに眉くらいまで上がり、軽やかな印象に。

【似合う髪型】

丸型　卵型

面長　ベース型

四角型　逆三角型

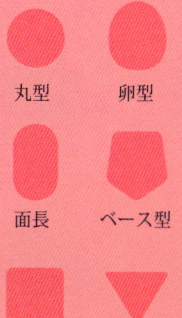

【分量どり】

深め ― 浅め

広め ― 狭め

【毛量】

少なめ ― 多め

【髪質】

やわらかめ ― かため

【くせ】

なし ― あり

Pattern 03

フルバング

ボリューミーにモード感を意識した前髪

Before

いわゆる“ぱっつん前髪”です。長さをまぶたの上くらいにすることで、厚めにしても子どもっぽくならず、おしゃれ感がアップします。

How To Cut 切りかた

1

分量どり（22～23ページ参照）をして、サイドの髪をクリップでとめておきます。

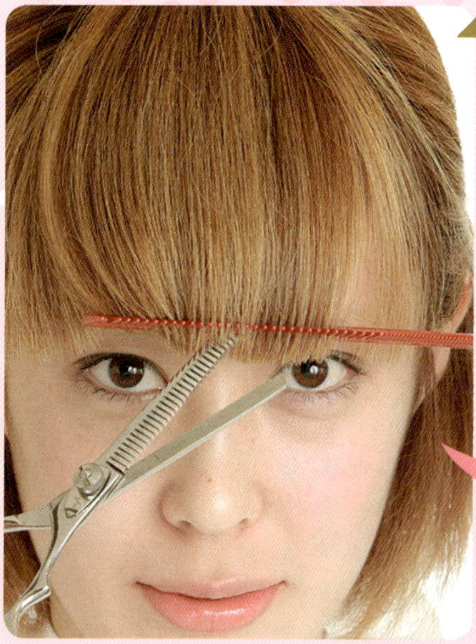

2

前髪をコームでとり、下に下ろします。すきばさみをななめに入れながら、長さをそろえていきます。

Point

はさみを細かく使い、少しずつそろえていきましょう。

3

長さがそろい、きれいなラインに仕上がりました。

NG

カットばさみを使うと、切りすぎたり、不自然なラインになってしまいます。

SIDE

Point スタイリングのポイント

短めにまとめたミディアムボブで、重くなりすぎずに縦のラインを強調させました。全体的に厚みをもたせたインパクトのあるスタイルです。

【似合う髪型】

- 丸型
- 卵型
- 面長
- ベース型
- 四角型
- 逆三角型

【分量どり】

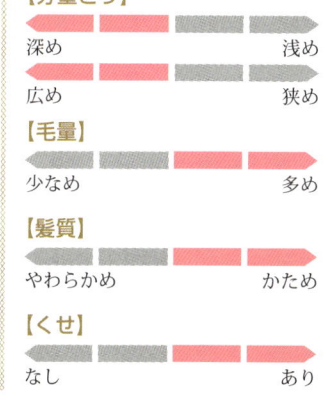

深め ― 浅め

広め ― 狭め

【毛量】

少なめ ― 多め

【髪質】

やわらかめ ― かため

【くせ】

なし ― あり

Pattern 04

ななめバング

ななめラインで立体的で動きのある前髪

Before

前髪をななめにカットすることで、横に流したときに自然なラインを描きます。短いほうから長いほうへ流します。

How To Cut 切りかた

1

分量どり（22～23ページ参照）をして、サイドの髪をクリップでとめておきます。

2

前髪をとり、右ななめ下に伸ばして、すきばさみを入れながら切りたい長さだけカットしていきます。

Point

片側に伸ばしてカットすることで、ななめのラインができます。

3

前髪をコームでとり、下に下ろします。すきばさみで長さをそろえていきます。

Point

はさみを細かく使い、少しずつそろえていきましょう。

4

きれいなななめのラインに仕上がりました。

SIDE

Point スタイリングのポイント

サイドは内巻きのカールに、前髪はふんわり自然に流しました。カールをつけずにスタイリングすれば、シャープな印象に変身することもできます。

【似合う髪型】

丸型　卵型

面長　ベース型

四角型　逆三角型

【分量どり】

深め ― 浅め

広め ― 狭め

【毛量】

少なめ ― 多め

【髪質】

やわらかめ ― かため

【くせ】

なし ― あり

Pattern 05

エレガンスパート

やわらかな質感のゆる前髪で女らしく

Before

おでこを出して上品で女性らしい印象を与えるエレガンスパート。自立した大人の女性の雰囲気を出してくれるスタイルです。

How To Cut 切りかた

1

分量どり（22～23ページ参照）をして、サイドの髪をクリップでとめておきます。

2

分け目の右側の前髪をとり、左ななめ下に伸ばします。すきばさみを入れながら、切りたい長さだけカットしていきます。

3

次に分け目の左側の前髪をとり、右ななめ下に伸ばします。すきばさみを入れながら、切りたい長さだけカットしていきます。

4

右側と左側の前髪が、それぞれ自然なラインになりました。

5

毛先をすいていきます。すきばさみをななめに入れて、全体を数回カットします。

SIDE

Point スタイリングのポイント

ゆるいカールを全体的にかけて、抜け感のあるロングに仕上げています。前髪に空気感を持たせることで、顔まわりに奥行きと立体感を出しています。

【似合う髪型】

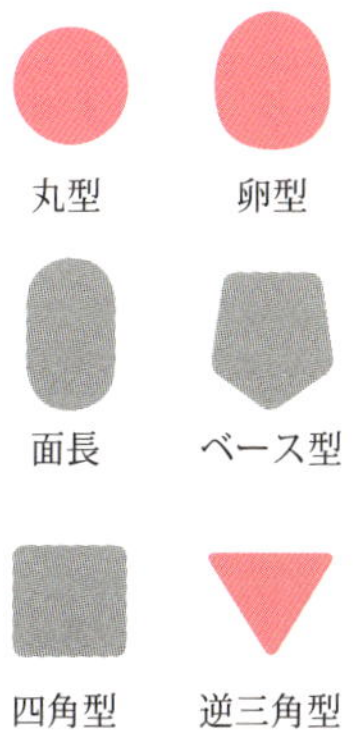

丸型
卵型
面長
ベース型
四角型
逆三角型

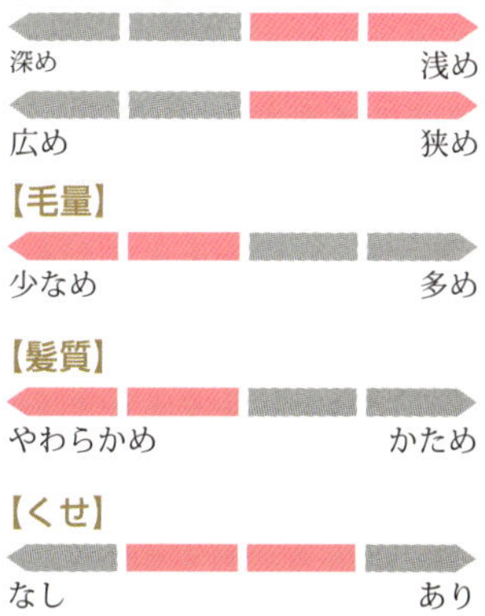

【分量どり】
深め
浅め
広め
狭め
【毛量】
少なめ
多め
【髪質】
やわらかめ
かため
【くせ】
なし
あり

Pattern 06

サイドパート

オフィスで映える洗練された大人前髪

Before

目が隠れるくらいの長さのサイドパートは、しっとりさせればスマートな印象に、ふんわりさせればやわらかな印象に。さまざまな表情を見せてくれる前髪です。

How To Cut 切りかた

1

分量どり（22～23ページ参照）をして、サイドの髪をクリップでとめておきます。

2

前髪をとり、斜め下に伸ばし、すきばさみを入れながら切りたい長さだけカットしていきます。

Point

流したい方向よりに伸ばしてカットすることで、自然なラインがつくれます。

3

長さがそろいましたが、まだ毛先が重く見えます。

4

前髪をとり、水平に伸ばし、すきばさみを使って毛先を軽くしていきます。

5

毛先が軽くなりました。

SIDE

Point スタイリングのポイント

ミディアムボブのボリュームを抑えてツヤ感をアップ。クールになりすぎず、知的でさわやかな印象に仕上げました。

【似合う髪型】

丸型　卵型
面長　ベース型
四角型　逆三角型

【分量どり】
深め ―― 浅め
広め ―― 狭め

【毛量】
少なめ ―― 多め

【髪質】
やわらかめ ―― かため

【くせ】
なし ―― あり

Pattern 07

ノーパート

ワンランク上の前髪でエレガントな潔さ

Before

あえて分け目やグラデーションをつけず、強い印象を残す前髪に。長さをそろえ、まっすぐ、しっかり下ろしたい人向きのスタイルです。

How To Cut 切りかた

1

前髪をコームでとり、カットばさみをななめに入れながら切りたい長さだけカットしていきます。何度かに分けて全体をカットします。

Point
カットばさみを細かく使い、少しずつそろえていきましょう。

Point
長さをそろえるなら、これだけで十分です。

NG

カットばさみを真横に入れてカットすると、髪がにげたり、切りすぎてしまうなど、失敗の原因になります。

2

長さがそろいました。

SIDE

Point
スタイリングのポイント

前髪と顔立ちが映えるよう、全体をストレートに仕上げました。サラツヤ感をアップして、クールでエレガントな印象に。

【似合う髪型】

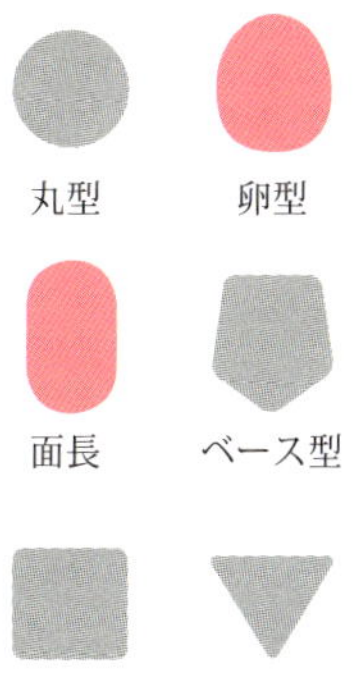
丸型
卵型
面長
ベース型
四角型
逆三角型

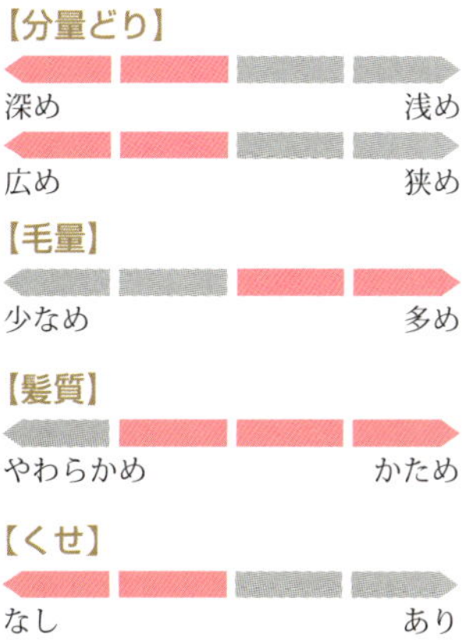
【分量どり】
深め
浅め
広め
狭め
【毛量】
少なめ
多め
【髪質】
やわらかめ
かため
【くせ】
なし
あり

Pattern
08

ランダムバング

さりげないシルエットのまろやか前髪

Before

主張しすぎないランダムなシャギースタイルです。写真のように軽く流しても、まっすぐ下ろしても OK。とても好感度の高い前髪です。

How To Cut 切りかた

1

分量どり（22～23ページ参照）をして、サイドの髪をクリップでとめておきます。

2

前髪をコームでとり、すきばさみを入れながら切りたい長さだけカットしていきます。何度かに分けて、全体をカットします。

NG

カットばさみを真横に入れてカットすると、ラインが曲がる、切りすぎてしまうなど、失敗の原因になります。

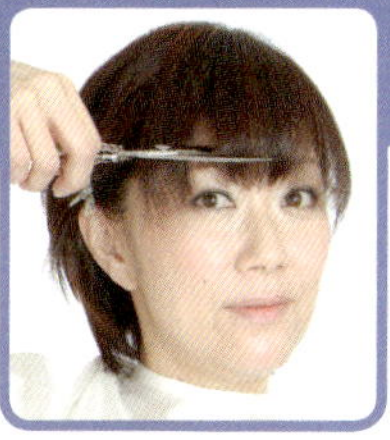

3

長さがそろいました。

4

前髪をコームでとり、すきばさみをななめに入れ、ランダムに毛先を軽くしています。

5

前髪全体が軽く、自然になりました。

SIDE

Point スタイリングのポイント

頭部全体が立体的に見えるよう、全体に丸みを持たせるようなスタイリングに。前髪にも空気感を出し、やわらかく自然なイメージに仕上げました。

【似合う髪型】

丸型　卵型

面長　ベース型

四角型　逆三角型

【分量どり】

深め　浅め

広め　狭め

【毛量】

少なめ　多め

【髪質】

やわらかめ　かため

【くせ】

なし　あり

Pattern
09

ダブルバング

2つの前髪で上質なおしゃれを演出

Before

前髪を2層にして長さを変えたスタイル。大人っぽさの中にキュートさもある前髪です。立体感が生まれて小顔効果も。

How To Cut 切りかた

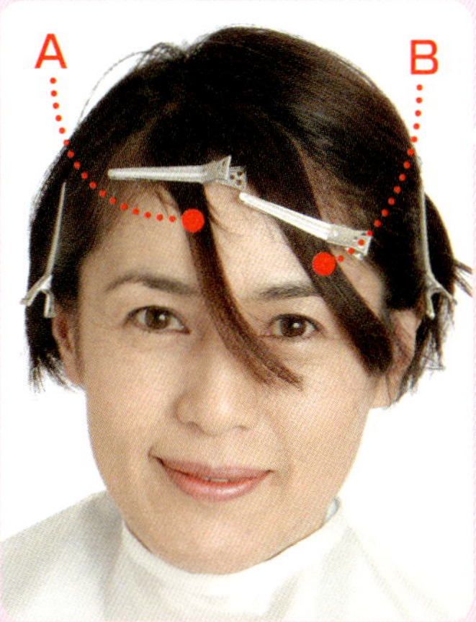

1

分量どり（22～23ページ参照）をして、サイドの髪をクリップでとめます。前髪は2パネルに分けてブロッキングします。

2

Aのパネルをコームでとり、すきばさみを入れながらカットしていきます。ここは短めにカットします。

Point
内側を眉上くらいに短くカットすることで長さの差を出します。

3

Bのパネルをコームでとり、すきばさみを入れながらカットしていきます。

Point
外側は長めにカットします。流したい方向に伸ばしてカットすることで、自然なラインになります。

4

長さがきれいに2層になりました。

SIDE

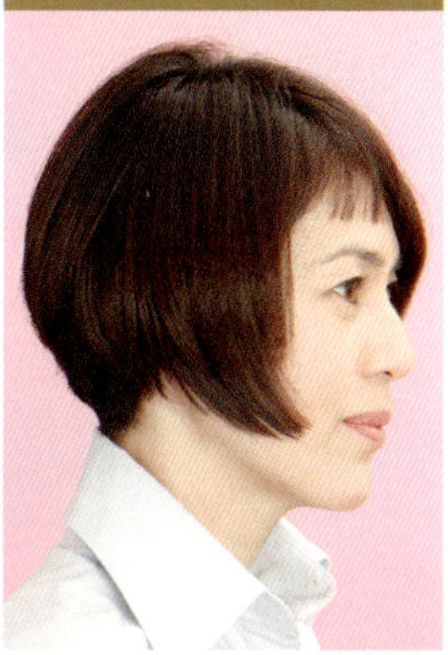

Point スタイリングのポイント

短い前髪で甘くなりすぎないよう、外側の前髪とサイドでシャープなラインを出し、大人っぽさの中にかわいらしさを残すスタイルに仕上げました。

【似合う髪型】

丸型　卵型
面長　ベース型
四角型　逆三角型

【分量どり】

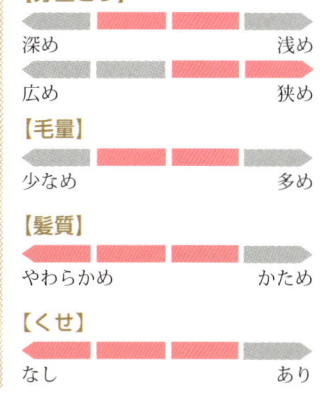

深め ― 浅め

広め ― 狭め

【毛量】

少なめ ― 多め

【髪質】

やわらかめ ― かため

【くせ】

なし ― あり

Pattern 10

ふんわりバング

流した前髪でふんわりやさしい印象に

Before

前髪を全体にすいて軽くすることで、長さはあっても決して重くならず、やさしくソフトな雰囲気になります。

How To Cut 切りかた

1

分量どり（22～23ページ参照）をして、サイドの髪をクリップでとめておきます。

2

前髪をとり、真ん中に集め、すきばさみを入れながら切りたい長さだけカットしていきます。

NG

前髪をとった指の上にははさみを入れないこと。刃先が顔に当たって危険ですし、切りすぎてしまう原因にもなります。

3

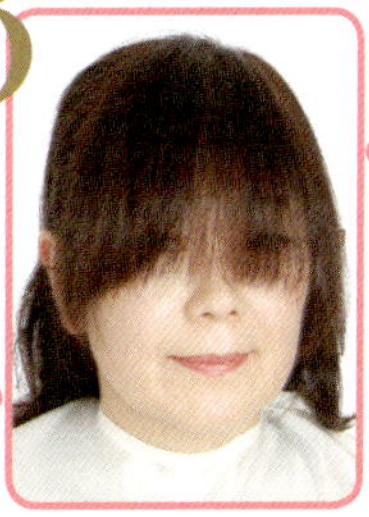

長さがそろい、毛先が軽くなりました。

4

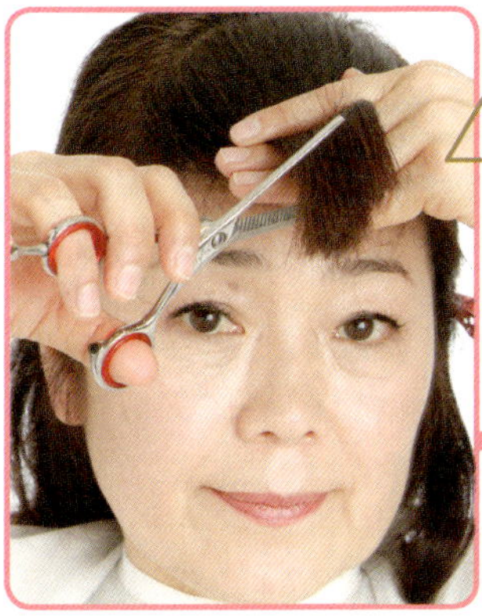

もう少し、全体を軽くしていきます。髪をとり、水平くらいに伸ばし、すきばさみを入れて全体をすいていきます。

5

前髪が軽く、自然になりました。

SIDE

Point スタイリングのポイント

前髪はサイドからふんわり流して軽い印象に。サイドはやや内巻きにカールさせてソフトなイメージのスタイルに仕上げています。

【似合う髪型】

丸型　卵型
面長　ベース型
四角型　逆三角型

【分量どり】

深め　浅め
広め　狭め

【毛量】

少なめ　多め

【髪質】

やわらかめ　かため

【くせ】

なし　あり

Pattern 11

下ろし流しバング

エアリーな大人のゆるふわ前髪

Before

広めにとった前髪を軽くして、ソフトな空気感を出した動きのあるスタイルです。抜け感のあるより自然な印象の前髪です。

How To Cut 切りかた

1

分量どり（22～23ページ参照）をして、サイドの髪をクリップでとめておきます。

2

前髪をとり、真ん中に集め、すきばさみを入れながら切りたい長さだけカットしていきます。

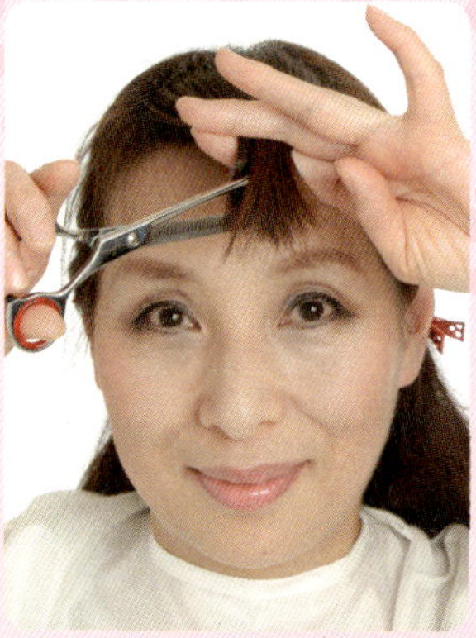

3

自然な感じで長さがそろいましたが、まだ毛先が厚く見えます。

4

前髪をとり、真上に伸ばします。すきばさみを入れて、全体をすいていきます。

Point

真上に伸ばしてすきばさみを入れることで、全体にレイヤーが入って軽くなります。

5

全体が軽くなりました。

6

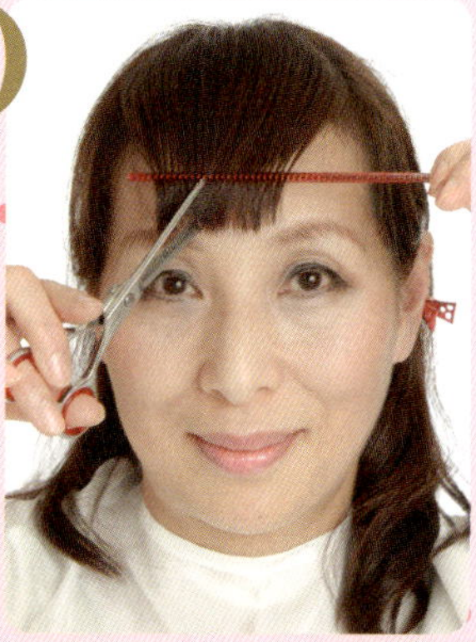

コームで前髪をとり、すきばさみをななめに入れて、毛先をすいていきます。

7

毛先が軽くなりました。

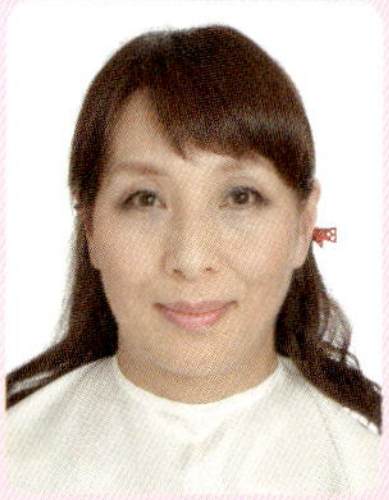

SIDE

Point スタイリングのポイント

前髪がふんわりと顔を覆うようにスタイリングしました。大きめのカールでボトムにボリュームを出してバランスよく。

【似合う髪型】

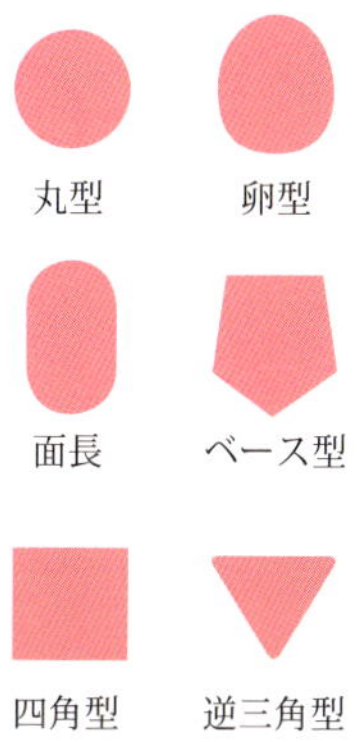

【分量どり】

深め　浅め

広め　狭め

【毛量】

少なめ　多め

【髪質】

やわらかめ　かため

【くせ】

なし　あり

Pattern 12

レイヤーバング

ふんわりレイヤーの愛され前髪

Before

全体にレイヤーを入れて軽くし、毛先はシャギーで遊び感を出しました。ふんわり軽い仕上がりで、誰からも好かれる前髪です。

How To Cut 切りかた

1

分量どり（22～23ページ参照）をして、サイドの髪をクリップでとめておきます。

2

前髪をとり、真上に伸ばします。すきばさみを入れながら切りたい長さだけカットしていきます。

Point

真上に伸ばしてすきばさみを入れることで、長さをそろえながら全体にレイヤーを入れて軽くします。

3

長さが自然な感じでそろい、全体が軽くなりました。

4

コームで髪をとり、毛先を整えながら軽くするためにすきばさみをななめに入れます。

5

毛先が軽くなりました。

SIDE

Point スタイリングのポイント

ランダムなゆるめのカールをつけて動きのあるショートボブに。前髪はふんわりしたボリューム感を出して、全体を立体的なイメージに仕上げました。

【似合う髪型】

丸型　卵型

面長　ベース型

四角型　逆三角型

【分量どり】

深め　浅め

広め　狭め

【毛量】

少なめ　多め

【髪質】

やわらかめ　かため

【くせ】

なし　あり

Pattern 13

ボールバング

質感のある前髪でクール＆キュートに決める！

Before

厚みと長さのある前髪ですが、横に流すことでモード感が出てぐっとおしゃれに。全体に丸みを出し、フェイスラインをきれいに見せるスタイルです。

How To Cut 切りかた

NG

カットばさみを真横に入れてカットすると、まっすぐ切れない、切りすぎてしまうなど、失敗の原因になります。

1

前髪をコームでとり、すきばさみを入れながら切りたい長さだけカットしていきます。

Point

はさみを細かく使い、少しずつそろえていきます。

2

毛先が自然なラインでそろいました。

SIDE

Point スタイリングのポイント

丸みがかわいらしいマッシュボブをマニッシュに仕上げました。前髪は毛先に質感を出しながら横に流します。

【似合う髪型】

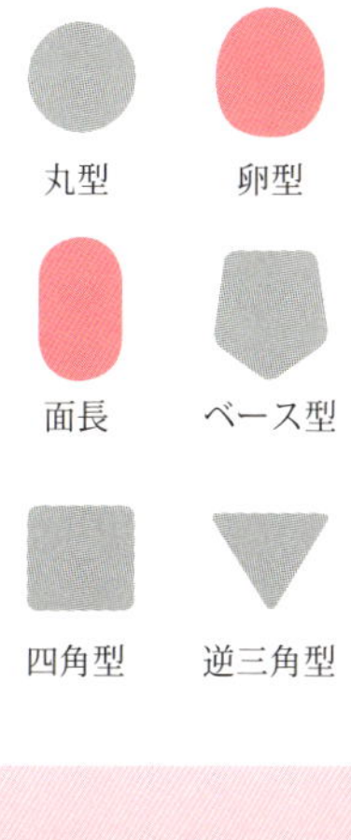

丸型
卵型
面長
ベース型
四角型
逆三角型

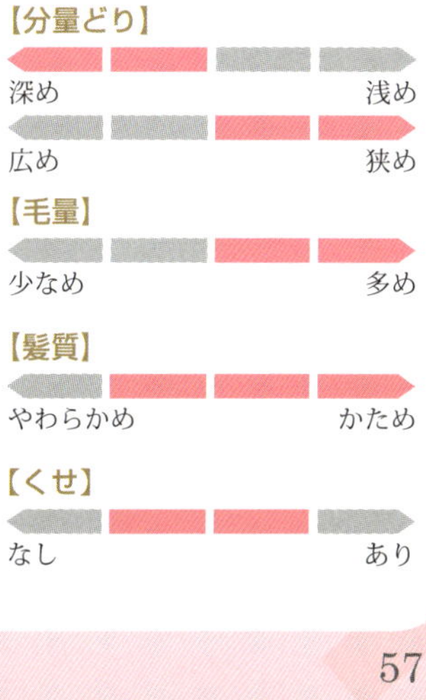

【分量どり】
深め
浅め
広め
狭め
【毛量】
少なめ
多め
【髪質】
やわらかめ
かため
【くせ】
なし
あり

Pattern 14

逆流バング

やわらかな前髪ラインで女らしさアップ

Before

長めの前髪を毛流に逆らって流しています。前髪に立体感が出て、美人度が上がるグラマラスな前髪です。

How To Cut 切りかた

1

分量どり（22～23ページ参照）をして、サイドの髪をクリップでとめておきます。

2

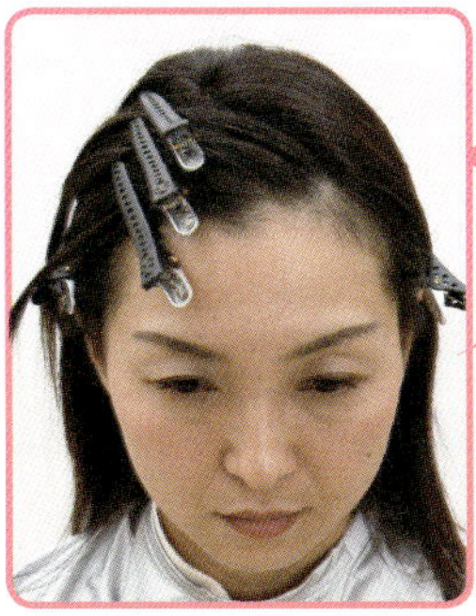

前髪は３パネルに分けてブロッキング（23ページ参照）します。

Point

ねじりながらとめると、しっかりとまります。

3

内側の１パネル目を指でとり、右斜め下に伸ばして、すきばさみを入れながら切りたい長さだけカットしていきます。

Point

左に流す場合、右に伸ばして切ると自然なラインになります。

4

２パネル目を指でとって少し持ち上げ、１パネル目に合わせてカットしていきます。

5

３パネル目を指でとってさらに持ち上げ、１パネル目に合わせてカットしていきます。

Point

徐々に持ち上げる角度をつけることで、自然な仕上がりになります。

6

長さが自然な感じでそろいました。

SIDE

Point
スタイリングのポイント

前髪はサイドへ自然に流れるような仕上がりに。ナチュラル感を出して、動くたびに透け感が出るようなツヤサラ感を意識しました。

【似合う髪型】

丸型　卵型
面長　ベース型
四角型　逆三角型

【分量どり】

深め　浅め
広め　狭め

【毛量】

少なめ　多め

【髪質】

やわらかめ　かため

【くせ】

なし　あり

Pattern 15

直線バング

カジュアルにもシックにも似合う万能前髪

Before

まっすぐな前髪を、毛先で軽く見せています。すきばさみを毛先にななめに入れるだけで自然な仕上がりになります。

How To Cut 切りかた

1

分量どり（22～23ページ参照）をして、サイドの髪をクリップでとめておきます。

2

すきばさみをななめに入れて、長さを整えながら毛先をすいていきます。

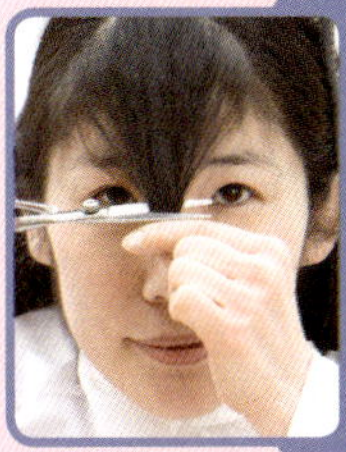

NG

前髪を集めた指の上にはさみを入れないこと。刃先が顔に当たって危険ですし、切りすぎの原因にもなります。

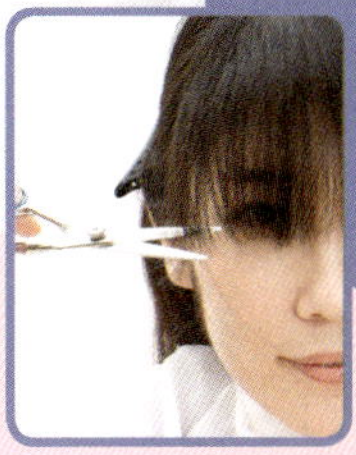

NG

カットばさみを真横に入れてカットすると、まっすぐ切れない、切りすぎてしまうなど、失敗の原因になります。

3

目にかかっていた前髪が、徐々に軽くなっていきます。

4

長さがそろい、毛先が軽くなりました。

SIDE

Point スタイリングのポイント

まっすぐ下ろした前髪は、オフィスでもプライベートでも好感度の高いスタイルです。サイドは主張しすぎない自然な印象に。

【似合う髪型】

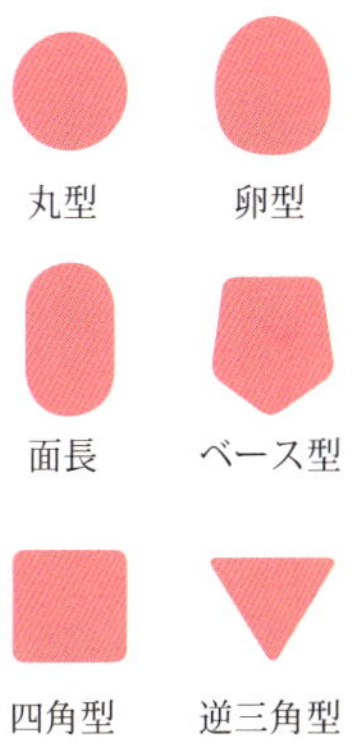

丸型
卵型
面長
ベース型
四角型
逆三角型

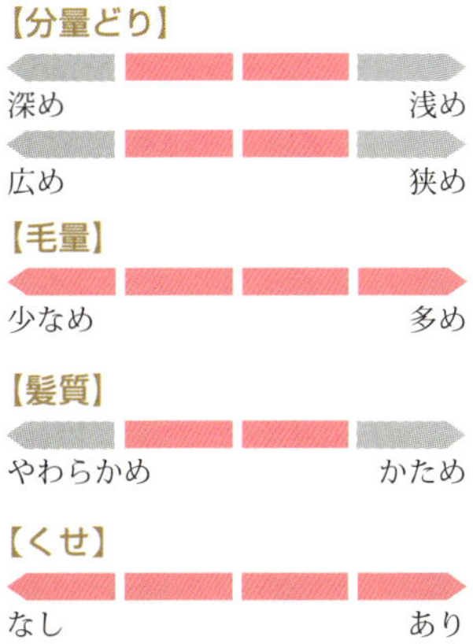

【分量どり】
深め
浅め
広め
狭め
【毛量】
少なめ
多め
【髪質】
やわらかめ
かため
【くせ】
なし
あり

Pattern
16

レイヤーフルバング

女子力アップのフェミニン前髪

Before

前髪の長さは変えず、レイヤーを入れて軽くします。顔立ちを立体的&印象的に見せるスタイルになりました。

How To Cut 切りかた

1 分量どりをしてサイドの髪をクリップでとめ、前髪を3パネルに分けてブロッキングします（22～23ページ参照）。

2 内側の1パネル目を指でとり、真上に伸ばして、様子を見ながらすきばさみで毛先を整えていきます。

Point
真上に伸ばしてすきばさみを入れることで、全体にレイヤーが入って軽くなります。

3 2パネル目、3パネル目も同様に、真上に伸ばしてすきばさみを入れます。

4 長さはほぼ変わらず、全体が軽くなりました。

SIDE

Point スタイリングのポイント

適度な厚みを持たせた前髪は、毛先を軽くして目力アップ。ゆるめのパーマヘアは、ボトムにボリュームを出してバランスよく仕上げました。

【似合う髪型】

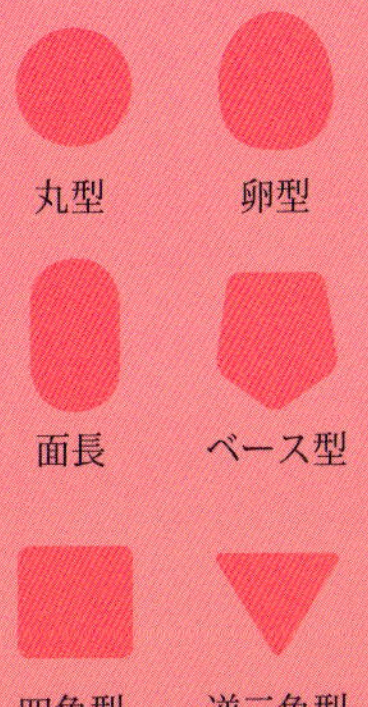
丸型
卵型
面長
ベース型
四角型
逆三角型

【分量どり】

深め
浅め
広め
狭め

【毛量】

少なめ
多め

【髪質】

やわらかめ
かため

【くせ】

なし
あり

Column.

シャンプーとコンディショナーの役割

シャンプーの役割は汚れを落とすことですが、髪についたホコリや汚れを落とすために「マイナスイオン」を帯びています。

髪の毛は、乾いた状態ではプラスに帯電していますが、濡れるとマイナスに帯電する性質があります。濡れた髪の毛のマイナスとシャンプーのマイナスが反発しあうことによって、汚れやホコリが髪の毛から離れていくのです。

シャンプー後、お湯で流したままでは、髪の毛はマイナスイオンを帯びたままです。このままにしておくと、毛がからんだり、ぱさついたりしやすくなります。汚れやホコリも吸着しやすくなります。

そこで、「プラスイオン」を帯びたコンディショナーを使います。

シャンプーによってマイナスに帯電した髪の毛に、プラスイオンを帯びたコンディショナーがぴったりと吸着します。そのときコンディショナーに含まれる油性の成分が髪に吸着し、油性の皮膜ができます。その結果、髪の毛がなめらかになったり、サラサラになって静電気を防止したりできるのです。

リンスインシャンプーは、ひとつの製品でプラスイオンとマイナスイオンをはたらかせる工夫がされたもの。旅行などでお手軽に使いたいときはいいかもしれませんが、通常はシャンプーとコンディショナーを順番に使うことをおすすめします。

ちなみに、トリートメントを使うなら、シャンプーのあとにしましょう。コンディショナーで皮膜をつくってしまうと、トリートメントの成分が髪に入りにくくなります。

ママに
おまかせ!

パパとキッズの前髪カット

Chapter.4

パパの前髪カット

ママの前髪カットでもっとかっこいいパパに！

Front

パパの前髪カットは、ママがやってあげてもGOOD。全体をカットするには少々時間が必要ですが、前髪なら初心者でも十分対応できます。

Before

Side

切りかた How To Cut

1

前髪を３パネルに分けてブロッキングします（23ページ参照）。

2

内側の１パネル目を真上に持ち上げ、すきばさみを入れて切りたい長さだけカットします。

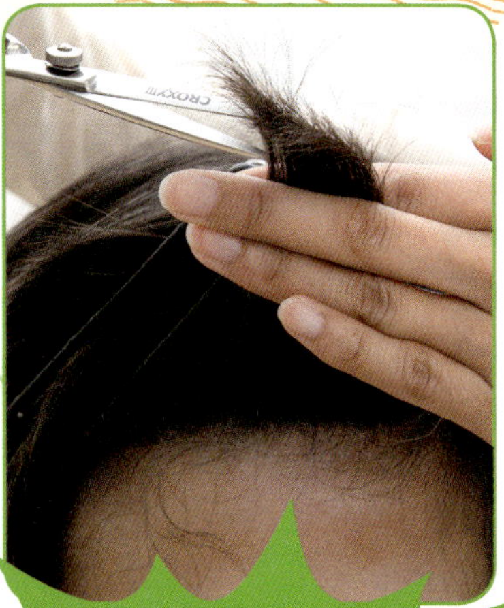

NG

カットばさみを真横に入れてカットすると、切りすぎやパッツン前髪になってしまいます。

3

次は２パネル目を真上に持ち上げ、すきばさみでカットしていきます。このとき１パネル目よりも２～３cmほど短めにカットしましょう。

Point

３段階に分ける＆真上に持ち上げてカットすることで、より自然な段差ができます。

4

１パネル目と２パネル目の髪が、きれいなグラデーションレイヤーになっています。

5

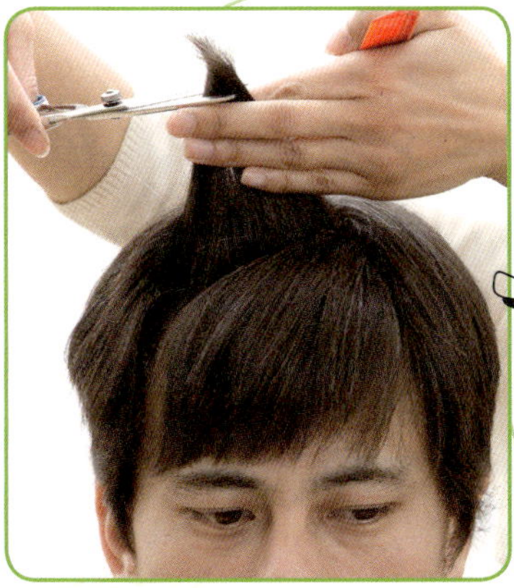

最後に３パネル目を真上に持ち上げ、すきばさみでカットしていきます。２パネル目よりもさらに２～３cmほど短めにカットします。

6

前髪全体がきれいなグラデーションレイヤーになっています。

キッズの前髪カット①

あっというまに伸びちゃう子どもたちの前髪をママがかわいらしくカット

Front

なかなかじっとしていられない子どもたち。時間をかけずにカットしてしまうのがコツです。コツがわかれば、誰でも簡単にかわいらしく仕上げることができます。

Before

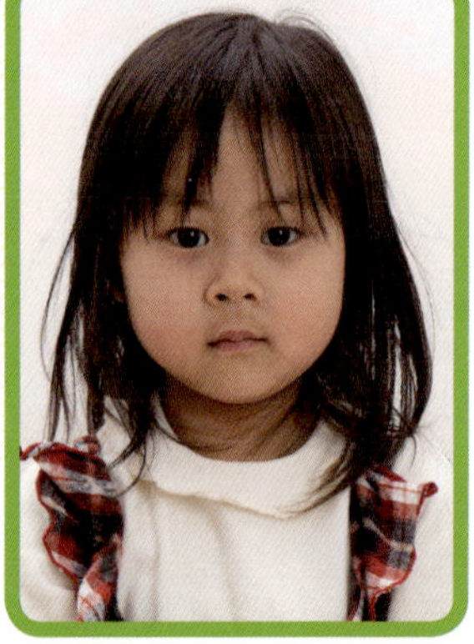

Side

切りかた How To Cut

1 サイドの髪はクリップでとめておきます。

真上から見たところ

Point
じっとしていられない子どもの髪は、一度に持ち上げて、素早くカットするのがコツ。

2 前髪をコームでとり、持ち上げてすきばさみを入れてカットしていきます。

横から見たところ

Point
真上に持ち上げてカットすることで、適度なレイヤーが入り、サイドも自然なラインになります。

3 自然な前髪に仕上がりました。

＼ キッズカットの3原則 ／

1 集中しているときをねらえ！

お気に入りの絵本やDVDなど、何かに集中しているときをねらいましょう。お菓子やおもちゃなどを利用するのもありです。眠っている隙にカットするのもいいでしょう。

2 ケガだけは絶対に避けて

子どもはじっとしていられない上に、動きが読めません。顔にはさみを近づけない、不安定な場所でカットしないなど、絶対にケガをしないよう細心の注意を払ってください。

3 できるだけ少ないプロセスで

できるだけ短時間で終えるように、プロセスを少なくしましょう。とにかく時間をかけないことがコツです。前髪なら、上記のプロセスだけできれいにカットできます。

キッズの前髪カット②

小さな子どもの前髪カットはパパとママの連係プレーで

Front

小さな子どもの前髪カットは、パパに協力してもらいましょう。パパがしっかりホールドしながら抱っこしてくれれば、子どもも安心していい子にしていられます。

Before

Side

切りかた How To Cut

1 パパが子どもを抱っこして、しっかりホールドします。

Point

カットした髪が飛び散るので、パパにもケープをしてもらいましょう。

2

Point

真上に持ち上げてカットすることで、簡単に自然な仕上がりになります。

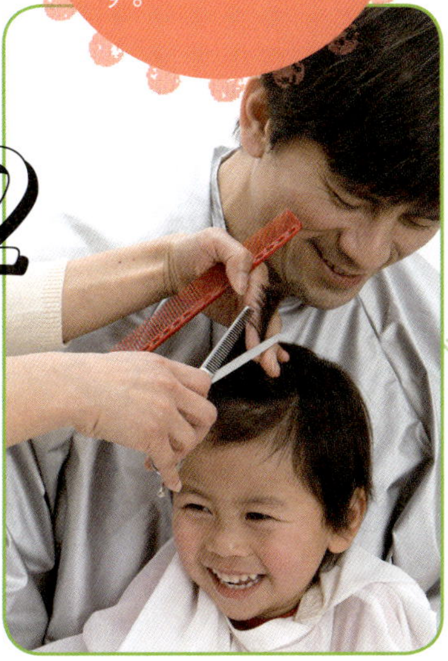

今度はママの出番です。前髪を縦にとり、持ち上げてすきばさみを入れて素早くカットしていきます。

3 自然な前髪に仕上がりました。

中高生 はじめての 前髪カット

前髪が伸びて、うっとおしくなってきました。

ぱっつん前髪になっちゃった

やりがちな失敗。カットばさみで真横にカット。

大丈夫かな？

そんなときは、すきばさみをななめに入れながら毛先をカットします。

毛先が軽くなって、自然な仕上がりに。

これならOK!

すきばさみをななめに使うテクニックを知っておくと、前髪カットに失敗しても、簡単に手直しすることができます。

※モデルは左利きです。

Column.

ブラッシングは下から上へ

ブラッシングは次のような効果があり、髪の健康のためには大切な習慣です。

❶ **髪をほぐし、髪や頭皮についた汚れやホコリを落とす**

❷ **頭皮を刺激して頭皮の血行をよくし、髪の健康な成長を促す**

❸ **天然毛のブラシを使い、白毛とブラシがこすれることで、つややかな髪になる**

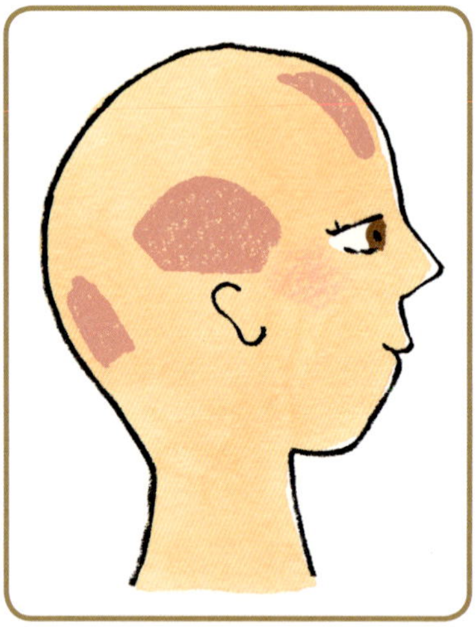

特に筋肉のある前頭筋、側頭筋、後頭筋を中心にブラッシングをすると効果的です。また、寝起きは髪が抜けやすいため、ブラッシングは起きて30分以上たってからが理想です（75ページ参照）。

ブラッシングのポイントは、毛流に逆らってかけること。

毛流に逆らってブラッシングすることで立毛筋が刺激され、髪の健康維持や抜け毛予防になります。

たとえば髪が下に向かって生えている場合は、下から上へ、右に向かって生えている場合は、右から左へブラッシングします。髪は上から下へ生えている場合が多いですから、基本的には下から上へのブラッシングがおすすめです。時間があるときは、いろいろな方向からブラッシングをするといいでしょう。

前髪スタイリングのコツ

ボリュームアップさせたいとき

ボリュームアップさせたいときは、下から上へドライヤーをかけます。髪を立ち上げたいときは、スタイリング剤を使うと効果的です。

ボリュームダウンさせたいとき

ボリュームダウンさせたいときは、上から下へドライヤーをかけます。

しっとりとまとめたいときは、ヘアクリームを少量手のひらにとり、髪になじませます。

Topics

イオンドライヤーの効果

イオンドライヤーのマイナスイオンは、髪の水素結合を整えて髪の毛を落ち着かせたり、広がりやボリュームを抑えたりする効果があります。つまり、ボリュームを出したいときは逆効果なのです。ドライヤーは、イオンの ON/OFF スイッチがついているものを選ぶと便利です。ボリュームダウンしたいときはオンに、ボリュームアップしたいときはオフにしましょう。

もっと知りたい！

前髪 Q&A

Q.01

前髪が割れてしまうのを防ぐには、どうしたらいいの？

A 割れやすい前髪に多いのが、毛流が両サイドに分かれ、毛が左右に生えている場合。
前髪の割れをふせぐためには、割れやすい部分に上から髪をかぶせるのが効果的です。割れてしまうところは、髪を軽くしすぎないのもポイント。髪を厚めにしておいたり、シャギーやレイヤーをあまり入れないというのも手です。左右に毛流が分かれている場合でも、厚めに下ろした髪の長さでなじみやすくなります。分け目をつくっている人は、分け目を変えるとよいでしょう。

Q.02

目を大きく見せたいのですが、どんな前髪にしたらいいの？

A 視線は色が濃いものや大きいものに集まります。ですから、重く厚い前髪では、前髪に強い印象が出てしまいます。目を印象的に見せるには、長さは目のギリギリ上くらい、毛先はシャギーで軽く見せるといいでしょう。目のまわりの髪に透け感を出して、相手の視線が目に集まるようにします。

Q.03

最近分け目の髪が薄くなってきたのですが……

A いつも同じ分け目にしていると、紫外線などによるダメージが同じ場所に集中し、その部分の髪が薄くなりやすくなります。数ヵ月に1度くらいは、分け目を変えてあげましょう。通気性をよくするために、髪を軽くするのも手です。

Q.04 前髪の長さはどのくらいにしたらいいの？

A 誰にでも似合う理想の前髪は、眉の下2、3ミリ程度です。要するに、目にかからず眉を隠す程度がしっくりいきます。眉上にして眉をしっかり見せたり、開いた目ギリギリの長さにしたりすると、モード系の個性的な雰囲気になります。

Q.05 髪を洗うのは、夜と朝どちらがいいの？

A 朝シャンはやめましょう。朝起きたばかりのぼーっとしている状態のときは、まだ副交感神経が優位の状態です。副交感神経優位の状態では毛穴が開いているので、毛が抜けやすいのです。
その他、うとうとしているようなときは毛穴が開いていますから、ブラッシングやシャンプーは避けましょう。

Q.06 なかなか思い通りの前髪にならないのですが……

A カットやスタイリングは、毛流がポイント。髪が生えている方向に逆らってスタイリングすればどうしてもボリュームが出るし、髪が流したい方向に生えていればボリュームダウンします。まずは、自分の前髪が前に向かって生えているのか、後ろに向かって生えているのか、横に向かって生えているのかをよくチェックしましょう。たとえば一部だけ横を向いて生えている場合、その部分の毛は根元から少し横に向かってから下に落ちますから、その部分だけ長めにカットしてあげると、自然に仕上がります。

自分で切った前髪を記録しよう！

年　　月　　日（　　）

Front

仕上がりの写真を貼りましょう

Side

仕上がりの写真を貼りましょう

Memo

自分で切った前髪を記録しよう！

年　　月　　日（　　）

Front

仕上がりの写真を貼りましょう

Side

仕上がりの写真を貼りましょう

Memo

著者紹介

NPO法人マザーズホームケア

ヘアカット・ヘアメイクのボランティアを行う美容師のグループ。福祉・教育施設でのボランティア講座、全国のカルチャーセンターでの講座を中心にその活動は多岐にわたる。近年は海外での美容室開設、技術者の育成事業も手掛ける。
お問い合わせ先　070-6515-4188

稲垣俊彦

ＮＰＯ法人マザーズホームケア代表理事、一般財団法人国際美容服装協会副理事長（ミャンマー美容事業担当）。ロンドン・ヴィダルサスーンスクール・コンプリヘンシィブコース（モデルによるヘアカット専門課程12W修了）並びにアドバンス・アカデミーで学び、美容師免許を取得。サロンワークを経て、読売・日本テレビ文化センター、NHK文化センター、学校法人NHK学園、東武カルチュアスクール、7&i.HDGセブンカルチャークラブ、朝日カルチャーセンターおよび各地の教育委員会等で、ヘアカット・ヘアアレンジなどのヘア関連講座を担当。福祉施設や被災地へのヘアカットボランティア、海外での美容室開設、技術者の育成にも携わるなど、幅広く活躍する。

技術指導

Y.S. PARK

代官山、青山、六本木をはじめとする都内人気エリアに8店舗をかまえる日本屈指のヘアサロン。個人の魅力を最大限に引き出し、スタイリッシュ＆ナチュラルなヘアスタイルを提案。ヘア専門誌やファッション誌でのヘア＆メイクも多数手掛ける。また、コームやブラシなどの美容道具、スタイリング剤、シャンプー剤を自社で開発し、主にプロ向けに販売。国内美容師の70%以上が使用し、世界30か国に輸出している。美容業界の技術向上に貢献しながら、各種施設での美容ボランティアを30年以上続けている。

堀出政樹

株式会社ビューティ堀出代表取締役社長。厚生労働大臣指定・学校法人青丹学園ヴェールルージュ美容専門学校副校長。大学在学中に美容師免許を取得し卒業後、世界で活躍する著名なヘアドレッサーの約95%が学んだロンドン・ヴィダルサスーンスクール・ディプロマコース（総合美容課程）に1年間留学。ヘアカットの実力は業界でもトップクラスでカラー、パーマと三拍子揃ったテクニックはお客様から絶大な支持を集める。他方、日本ヘアカラー協会初代大阪支部長を経て、一般社団法人ＯＰＫ副理事長、一般財団法人国際美容服装協会副理事長など公的な要職を多数兼務。ヘアカットボランティアを中心とした子育て支援団体では顧問を務める。

中野智博

ビューティ堀出グループ「アッシュブランシェ」で指名率NO.1の人気スタイリスト。また、厚生労働大臣指定・学校法人青丹学園ヴェールルージュ美容専門学校では美容技術講師を務める。お客様の希望を瞬時に読み取り、本人の気付かない良さを引き出しながら似合うスタイルを創る。トータルファッションの実力は、業界でも注目され、神戸コレクションやTV出演などで引く手あまたの活躍を見せる。

NPO法人マザーズホームケア略歴

1999年　「いつでもお洒落に」をモットーにヘアカットを中心とした美容・教育団体として設立。自宅でヘアカットができるようになる講座を開いて欲しいという依頼を受け始める。

2000年　読売・日本テレビ文化センター横浜で、初の「一日ヘアカット教室」を開講する。定員20人に対して100人以上の申し込みが殺到。また、各地の特別養護老人ホームでの定期的なボランティアヘアカットを開始する。『はじめてのヘアカット』（ブックマン社）を監修。

2001年　朝日新聞朝刊で「私がカット、ステキな髪形。美容師の講座、女性で盛況」と活動が記事にて紹介される。「おはよう日本」（ＮＨＫ）で、ヘアカット教室が紹介され、反響を呼ぶ。講師依頼が、全国の文化センターや自治体などから相次ぐ。 東京都より「特定非営利活動法人マザーズホームケア」として法人認証を受ける。

2002年　読売新聞朝刊「すまいる育児」欄にて前髪カット法が紹介される。「おしゃれ工房」（ＮＨＫ）に出演。『おうちでできる！ベビー＆キッズの簡単ヘアカット』（アーク出版刊）を監修。講座の月間受講者数は2000人を越える。

2003年　『子どもがよろこぶかんたんホームヘアカット』（ＰＨＰ研究所）を稲垣俊彦が監修。

2005年　「ひよこクラブ」（ベネッセコーポレーション）4月号とじ込み付録にて、「赤ちゃんの髪ちょこっとカットシート」を担当。『ヘッドマッサージ実践バイブル』（産調出版）を稲垣俊彦が監修。

2006年　全国の文化センターなどからの依頼が増え続け、東京と大阪に講座本部を設ける。

2009年　「おしゃれ工房」（ＮＨＫ出版）10月号にセルフ前髪カットが掲載される。「とくダネ！」（フジテレビ系）でヘアカット教室が取材され、稲垣俊彦指導によるセルフヘアカット法が放映される。

2011年　東日本大震災の被災地である、宮城県仙台市の各家庭を訪問するヘアカットボランティアを開始する。

2012年　『おんなの子のヘアアレンジ』（幻冬舎エデュケーション）を監修。

これまでのヘア関連講座実績

●セブンカルチャークラブ
橋本、綾瀬、大井町、亀有、北砂、西新井、武蔵境、厚木、伊勢原、相模原、武蔵小杉、溝の口、上尾、浦和、久喜、蘇我、成田、八尾

●NHK文化センター
青森、八戸、仙台、郡山、新潟、山形、宇都宮、水戸、前橋、青山、光が丘、東陽町、町田、八王子、横浜、千葉、名古屋、豊橋、京都、大阪、神戸、福山、鳥取、米子、山口、福岡、北九州　など

●読売・日本テレビ文化センター
恵比寿、自由が丘、青山、新宿、荻窪、大森、蒲田、錦糸町、北千住、金町、町田、八王子、横浜、春日部、浦和、川越、川口、大宮、京葉　など

●学校法人NHK学園オープンスクール
くにたち、あきる野、新宿

●東武カルチュアスクール
池袋校、ふじみ野ナーレ教室

●未来屋カルチャークラブ
船橋、東雲

♛ Staff

協力	セブンカルチャークラブ橋本
デザイン	中野一弘（bueno）
イラスト	五嶋直美
撮影	m. s. park（32～57ページ）／本郷直人（58～71ページ）
技術指導（32～57ページ）	Y. S. PARK（Young-soo Park、森山恵介、松田良憲）
技術指導（58～71ページ）	ビューティ堀出（堀出政樹、中野智博）
モデルコーディネイト	Y.S.PARK／籾山雅夫／稲垣俊彦
ウィッグ提供	株式会社プリシラ
モデル	五十嵐藍、松野絵里子、黒木奈菜、阪本奈保、椎名美嘉、西田佳寿美、菊地康恵、西田真美、ゆかり、浦山弘美、西田明美、山口弓子、中村正雄、中村愛子、中村日和、中村煌隆、吉成朋子、井関瞳、稲垣はるひ
編集協力	山崎潤子

自分でできる前髪カット

2013年4月12日　第1版第1刷発行

著　者　稲垣俊彦

発行者　玉越直人
発行所　WAVE出版
〒102-0074　東京都千代田区九段南4-7-15
TEL　03-3261-3713
FAX　03-3261-3823
振 替　00100-7366376
E-mail：info@wave-publishers.co.jp
http://www.wave-publishers.co.jp

印刷・製本　中央精版印刷

NDC595.3 79p 26cm　ISBN978-4-87290-621-9